交通物流降本提质增效创新发展
典型案例

李 玮 沈严航 王亚楠 董 娜 闫建朝 等 编著

人民交通出版社

北京

内 容 提 要

本书围绕交通物流基础设施联网补网强链、深化运输结构调整、推进交通物流与产业融合发展、推进多式联运"一单制"发展、畅通城乡末端物流网络、提升国际物流服务质效、创新智慧物流新模式共七个方面总结交通物流降本提质增效工作取得的积极成效,量化分析结构性、系统性、制度性、技术性、综合性、经营性等方面降本提质增效成果,系统梳理各地管理部门和市场主体的典型做法和成熟经验,剖析交通物流降本提质增效对构建现代流通体系、支撑建设现代化产业体系、更好地服务保障经济高质量发展等方面的积极作用,为全国各地探索推进交通物流降本提质增效提供有效路径。

本书可作为相关行业了解交通物流降本提质增效经验的基本读物,亦可作为交通物流及上下游企业运营管理人员的参考用书。

图书在版编目(CIP)数据

交通物流降本提质增效创新发展典型案例 / 李玮等编著 . — 北京 : 人民交通出版社股份有限公司, 2025.
5. — ISBN 978-7-114-20391-6

Ⅰ. F512.3

中国国家版本馆 CIP 数据核字第 2025WB4701 号

Jiaotong Wuliu Jiangben Tizhi Zengxiao Chuangxin Fazhan Dianxing Anli

书　　名:**交通物流降本提质增效创新发展典型案例**
著 作 者:**李　玮　沈严航　王亚楠　董　娜　闫建朝　等**
责任编辑:**董　倩**
责任校对:**赵媛媛　武　琳**
责任印制:**张　凯**
出版发行:**人民交通出版社**
地　　址:(100011)北京市朝阳区安定门外外馆斜街3号
网　　址:http://www.ccpcl.com.cn
销售电话:(010)85285857
总 经 销:人民交通出版社发行部
经　　销:各地新华书店
印　　刷:北京市密东印刷有限公司
开　　本:720×960　1/16
印　　张:10.75
字　　数:156千
版　　次:2025年5月　第1版
印　　次:2025年5月　第1版　第1次印刷
书　　号:ISBN 978-7-114-20391-6
定　　价:80.00元

前 言
Qianyan

　　交通运输是现代物流体系的重要组成部分和关键环节,发挥着先导性、基础性和保障性作用。交通运输的发展水平深刻影响着物流业发展的质量和效益。物流连接着产业链和供应链,与人员流、商流、资金流、信息流的交互与优化组合,决定了国民经济运行绩效水平。目前,我国已经成为具有全球影响力的物流大国,物流市场规模连续八年位居世界第一。

　　近年来,党中央、国务院持续推动物流降本提质增效工作。习近平总书记在中央财经委员会第四次会议上强调,物流是实体经济的"筋络",连接生产和消费、内贸和外贸,必须有效降低全社会物流成本,增强产业核心竞争力,提高经济运行效率。党的二十届三中全会强调,要完善流通体制,加快发展物联网,健全一体衔接的流通规则和标准,降低全社会物流成本。为贯彻落实中办、国办印发的《有效降低全社会物流成本行动方案》,经国务院同意,交通运输部会同国家发展改革委印发了《交通物流降本提质增效行动计划》,从结构性、系统性、制度性、技术性等多层面推进交通物流降本提质增效,更加突出交通物流对制造业的服务性和保障性作用,更好地服务经济社会高质量发展。

　　工作中我们也清醒地认识到,我国交通物流发展还存在不少突出问题,主要表现在交通物流与实体产业融合联动不足,结构性成本较高,基础设施的基础性、先导性、战略性作用仍需进一步凸显,运输结构调整任务艰巨,公转铁、内河水运堵点卡点问题依然严峻;交通物流各环节衔接不畅,系统性成本较高,多式联运单证标准规则、联运设施设备匹配衔接等软硬联通不畅;信息联通难、数据共享难,"数据孤岛""信息烟囱"等现象较为普遍,数据要素流动性不足;统一大市场发展缓慢,制度性壁垒突出,重点领域改革不到位,市场法治化、规范化监管水平以及口岸通关便利化水平亟待提升,制约了交通物流高质量发展。

交通运输部科学研究院作为交通运输综合性科研院所和高端专业智库,长期致力于综合运输与现代物流发展战略规划和政策标准研究,编写组按照"多渠道、广覆盖、深挖掘、严筛选、细打磨"的工作原则,从全国报送的典型案例中选取40个交通物流降本提质增效创新发展典型案例,为交通运输行业推进交通物流高质量发展提供智力支持。

本书聚焦交通物流基础设施、运输结构调整、交通物流与产业融合、多式联运"一单制"、城乡末端物流网络、国际物流服务、智慧物流新模式七大领域,选取先进地区的成熟经验,全面梳理并量化分析了政府部门和市场主体在交通物流降本提质增效方面的主要做法以及取得的积极成效,系统总结了各个典型案例可推广、可复制的成熟经验,引导各地互相借鉴,探索创新推进交通物流降本提质增效的实施路径,为相关行业了解和学习交通物流降本提质增效的先进经验提供了基础读物。

限于作者水平,书中难免存在不足或不妥之处,衷心希望广大读者批评指正。

编写组
2025 年 1 月

目 录
Mulu

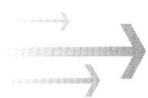

第一篇

交通物流基础设施
联网补网强链

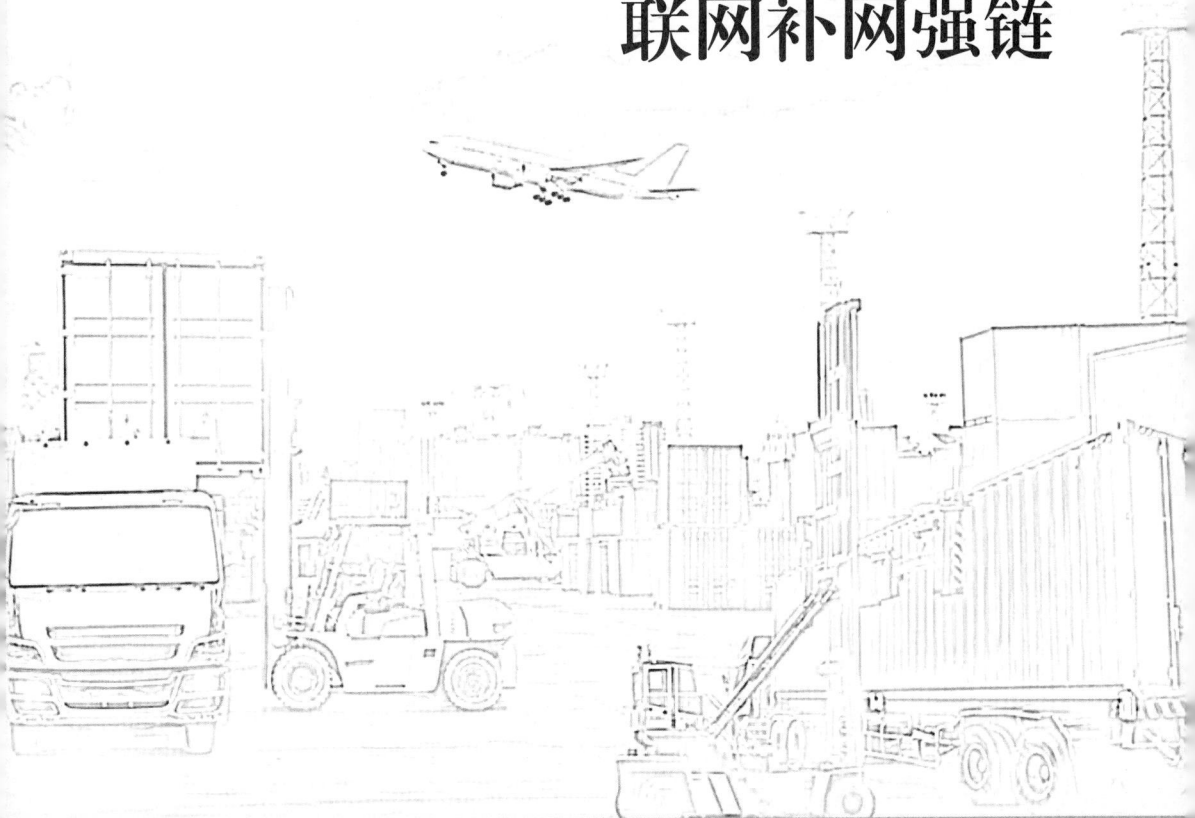

案例1:郑州国际航空货运枢纽打通联运堵点
提升空陆联运转运效率

郑州航空港是国家级航空经济先行区以及我国郑州—卢森堡"空中丝绸之路"先导区。近年来,以加快综合货运枢纽强链补链建设为手段,以推动交通物流与临空产业深度融合为目标,创新研制航空集装货物整板运输车以及境外货物组板模式,制定空陆联运相关标准,推广空陆联运"一单制"模式,显著提高空陆联运转运效率,有力降低产业物流成本。

一、主要做法及成效

(一)创新境外货物组板新模式。在境外组织货源和组板时,将境内最终目的地相同的货物组装在同一个集装板上(图1-1),以整板货物作为独立包装单元,确定货物件数并制作航空运单,将进境货物的接触性操作由6次缩减为1次,大大降低了货物丢失风险,有效降低了货损率。

(二)研发航空集装货物整板运输车。针对国际货运航班与我国厢式货车内部尺寸不匹配的问题,郑州机场联合货运公司创新研发了航空集装货物整板运输车(图1-2),配备传送辊系统,并在装卸码头增设升降式航空集装货物整板传送机,与整板运输车辆实现无缝对接,较拆板理货、散件装卸运输等传统操作模式,每板货物的平均理货时间由8分钟降至1分钟以内,每辆货车装货和卸货时间均由3小时降至20分钟以内。

(三)制定空陆联运设备和运单标准。为严格把控车辆设计、生产等关键技术要求,河南省交通运输厅组织起草《空陆联运厢式运输半挂车技术要求》地方标准,制定空陆联运电子运单数据集,形成航空电子货运试点标准化单证、数据交换、业务操作流程优化等标准,统一空陆联运"一单制"操作规范、单证规范和数据交换规范,提升空陆联运标准化水平。

图1-1　境外货物整板运输

图1-2　航空集装货物整板运输车

（四）大力完善集疏运体系。郑州机场的卡车航班（图1-3）网络已覆盖长三角、京津冀、粤港澳等主要经济区的100余座大中城市，通过与各地航空公司深度协作，培育"快线+干支通"航线网络，开展"空空中转"业务，形成中远程国际货运航线相互衔接、互为支撑的枢纽网络体系。

图1-3　郑州机场卡车航班

（五）推动交通物流与临空产业深度融合。郑州机场按照"枢纽+物流龙头企业"模式，汇集顺丰速运、申通快递、圆通速递、中通快递、韵达快递、中原龙浩航空、Fe-dEx、DHL、UPS、卢森堡货航等400余家大型物流集成商（图1-4），构建服务于航空运输的现代物流产业体系，吸引了电子产品全球集散中心、服装分拨基地、高端汽车零配件分拨中心、生鲜冷链、快邮件和跨境电商出口基地。2023年，郑州航空港电子信息产业已超5000亿元人民币，成为郑州"一号产业"，为区域经济社会发展注入强大动力。

图1-4　大型物流集成商UPS货运飞机

二、经验启示

（一）高度重视装备技术创新。设施设备的技术创新是推动交通物流行业发展的关键动力。郑州机场对标国际货物航运，研发了国内首台航空集装货物整板运输车，为国内航空货运提供"整板理货、整板出仓、整板装卸"的整体化作业服务，在满足国家车辆标准和各部门监管要求的前提下，实现与国际货运航班无缝对接，大大提升了空陆联运装备技术水平，提高了国际航空货物的转运效率，降低了货损率。

（二）探索构建多式联运标准体系。标准化工作的目的和意义在于获得最佳秩序和扩大社会效益。河南着手构建多式联运标准体系，围绕多式联运基础设施、联运装备、联运服务、信息交换、统计评价等方面，研究制定适应本省综合交通运输发展要求的技术标准和服务规范，成功发布省级多式联运标准体系，立项国家标准《多式联运货物运输量计算方法》《空陆联运厢式运输半挂车技术要求》，为行业标准化工作提供新实践、新理论、新案例。

（三）着力推动产业融合发展。支撑保障实体经济发展是推进交通物流的核心目的。郑州航空港以航空物流产业为核心，通过完善口岸资质、建设集疏运体系、引进国内外大型物流集成商和构建多元化的产业体系，为电子信息、生物医药、精密机械等相关产业集聚发展提供物流运输保障，大大增强了临空经济的集聚效应和辐射能力，为区域经济发展注入了新的活力。

案例2:海口美兰国际机场多措并举提升货物通关效率 推动航空货运降本提质增效

海口美兰国际机场(以下简称"美兰机场")建设面向两洋航空区域门户枢纽,深耕国际货运市场,持续加强与国内外航空运输企业、包机运营商的沟通合作,充分利用好海南自贸港的产业优势和政策优势,通过打造"一站式"货物通关环境、推广国际分单提货业务、优化跨境电商货物出口通道、打通跨部门业务系统及探索空空联运、空陆联运等方式,进一步提升货运通关效率,促进海南国际贸易新业态及国际航空货运市场的繁荣发展,切实推动航空货运降本提质增效。

一、主要做法及成效

(一)打造"一站式"口岸通关环境,提升货物通关效率。美兰机场营造口岸通关"集成式"服务环境(图2-1),积极引进海关、国际货运代理及第三方机构入驻货站,跨境电商企业将货物直接交付至美兰机场跨境电商监管中心,即可办理申报、查验、报关及配套物流业务手续。同时,美兰机场跨境电商国际快件中心与空港仓库直接相连,跨境出口小包裹经订单、物流单、运单"三单对碰"并通过现场海关查验后可直接过检入库。美兰机场建立跨境电商业务"一站式"通关流程体系,通关仅需1.04小时,提升货物通关效率98%以上。

(二)推广国际分单提货业务,缩短进港货物停留时间。为加快国际货物流转速度、提高进口货物提取效率,美兰机场国际货站联手海关,推行每周7天×24小时海关提货服务,理顺分单提货监管流程和操作模式,改变原先等待主单和分单货物全部放行的提货方式,在货运保障系统上线国际分单提货功能模块,联合多家国际货代公司开展分单提货试运行工作,实现仅凭主单或分单货物放行通知书即可办理提货(图2-2),大大提高了货物流转速度、提货效率和通关时效,减少了国际货代企业运营成本、货主准备资料及等待整票货物放行的时间,进港货物停留国际货站时长由3~4天缩短至1~2天。

图2-1　口岸通关"集成式"服务

图2-2　国际分单提货业务

（三）优化跨境电商货物出口通道,减少货物转运时长。美兰机场利用国内全货机、国内航班腹舱和国际航班腹舱等资源,推出"跨境电商+机坪直转"服务(图2-3),通过空空联运至美兰机场国际货站后直接转运至跨境电商国际快件中心,减少代理企业二次装卸时间和人员成本,有效缩短跨境电商出口货物转运时间50%以上,进一步畅通跨境电商货物空中通道。积极探索跨境电商出口转关新型监管路径,在

"空空联运"基础上,实现美兰机场始发的跨境电商货物通关"一单报全国"的重要创新,简化企业出口通关手续,不断提高监管效能和服务水平,推动跨境电商出口新业务和新模式发展。

图2-3 "跨境电商+机坪直转"服务

(四)打通跨部门业务系统,实现数据互联互通。美兰机场在全省率先建设机场跨境电商监管场所运抵申报系统、监管运营场所查验系统,与国家海关跨境电子商务进出口零售统一版系统、海口海关监管系统互联互通,并直接对接企业申报系统,企业向海关推送的订单数据同步推送至机场货站,从而实现机场、海关线上联合作业、查验,提高库内操作效率。同时,美兰机场优化数据加签程序,实现运抵报文推送速率由1000条/分提高至5000条/分,货物通关效率比肩深圳、上海。

(五)初探卡车航班"空陆联运"发展模式,拓宽集货渠道。美兰机场启动"空陆联运"卡车航班业务,将广州、深圳、郑州等内陆腹地货物聚集海口,推动海南自贸港与国内外城市有效连接,实现不同运输方式的无缝衔接,提升了航空货运业务的灵活性,大幅降低企业运输成本。自卡车航班业务开通以来,截至2004年10月30日,美兰机场保障了108辆海关监管车、143吨货物。

二、经验启示

(一)创新业务模式是提升通关效率的重要手段。美兰机场通过提供"一站式+24小时"口岸通关服务、推广国际分单提货业务、探索空空联运、空陆联运等多式联运模式、打通跨境电商货物运输数据报送通道等措施,提高口岸通关效率,大幅降低跨境电商企业的物流成本、时间成本和沟通成本,提升跨境电商业务保障链路的畅通性、高效性及便利性。

(二)优化营商环境是提升航空口岸竞争力的重要保障。美兰机场注重打造全能高效的口岸营商环境,通过完善基础设施设备、重塑业务作业流程、创新业务模式等方式,为海南电商平台企业、货运航司、包机商以及国际货运代理等市场主体提供更加便利、高效的通关环境,树立美兰机场跨境电商业务口碑和品牌,提升海口空港口岸的市场竞争力,吸引跨境电商业务经美兰机场出境。

(三)跨地区协作是优化物流资源配置的重要途径。美兰机场积极把握航空货运发展机遇,立足海南本地企业需求,通过跨地区协作,探索打通卡车航班"空陆联运"、跨境电商"空空联运"等业务通道,突破地域限制,将分散的货物出口资源整合至海南,提高物流资源整体利用效率。

案例3:安徽推动沪皖同港一体化发展 构建
滚装运输江海直达服务体系

安徽实施"向海而兴,借船出海"发展战略,充分发挥境内长江、江淮运河优势,统筹发展江海直达、江海联运等运输组织模式,加盟上海组合港,深度融入长三角港航一体化发展,运营"上港集团—安徽港航"芜湖集装箱联合服务中心,充分整合沪皖港航资源,加强联运合作,创新沪皖"联动接卸"海关监管新模式,推动实现沪皖一体化运行、一体化通关。截至2023年底,安徽开通集装箱航线64条,基本形成"双通道达海、两运河入江、河江海联运"水运发展新格局,构建自主可控的汽车物流供应链体系,助力"安徽造"增强核心竞争力。

一、主要做法及成效

(一)加密扩容水运航线网络,打造长江航运新格局。安徽发挥长江、江淮运河优势,打造芜湖至上海联盟直达航线,合芜、皖江小支线省内水上穿梭巴士航线,形成"一核两翼"集装箱运输体系,实现芜湖至上海港所有集装箱港区"点到点"全覆盖,芜湖至上海集装箱中转效率提升1倍,长江、淮河流域企业物流成本分别降低800元/标准箱、1000元/标准箱。

(二)全面推广沪皖同港化发展,创新海关监管新模式。安徽沿江五市一类水运口岸和合肥港均与上海洋山港建立"联动接卸"海关监管模式,实现一次申报、一次查验、一次放行,减少申报及放行各1次,节约通关时间1~2天,大幅提高口岸通关效率,引导"安徽造"外贸集装箱货物"公转水",切实降低企业物流成本。较公路运输,通过水运至洋山港,单个标准箱运输成本降低约1500元。

(三)持续推动沪皖航线共舱管理,共建航运物流新体系。沪皖设立"上港集团—安徽港航"芜湖集装箱联合服务中心,打造芜湖—上海洋山、芜湖—外高桥航线共舱管理模式,通过支线舱位共享、"五定班轮"、点对点靠港、空箱前置等模式(图3-1),统筹调度芜湖至上海支线货源和运力资源,船舶装载率由54%提高到85%,企业运输费用下降近20%,船舶计划准点率达100%,运力投入下降30%以上,运输周期缩短48小时以上,船舶待港时间由48小时减少至24小时,大幅提升港口作业效率,全面提升长江支线港航服务供给质效。

图3-1 沪皖联盟航线单点挂靠首航

(四)打造国际滚装运输船队,构筑国际物流新通道。为助力奇瑞汽车、安徽江淮汽车出口,开通省内芜湖港、安庆港内河滚装运输航线,与上海等枢纽海港实现江海直达,减少运输环节车损风险。安徽省港航集团、奇瑞汽车股份有限公司和安徽江淮汽车集团股份有限公司共同成立安徽航瑞国际滚装运输有限公司,分批投建10艘"7000~9000车位"远洋滚装船舶,建立可靠、稳定、安全的滚装运输体系。在自有船舶建造交付前的运力空缺期,利用租船运营模式开通中国—墨西哥远洋滚装航线,通过减少中转环节、充分整合航运资源,降低单车出口海运费28美元/车,单航次可为出口车企降低物流成本9.8万美元。

二、经验启示

(一)加强沪皖港口联动合作。安徽港与上海港合作,建立"联动接卸、视同一港"整体监管模式,通过减少申报环节和通关时间,提高江海直达联运效率;创新沪皖航线共仓模式,通过运力和货源信息共享实现航运资源统一调度、集中配置,为集装箱航运公司、外贸企业、货代企业提供港航"一站式"服务。

(二)构建自有运力池。为切实解决"安徽造"商品车出口运力不足问题,安徽省港航集团与货主企业共同投建远洋滚装船舶,扭转我国滚装运输运力不足局面,增强我国汽车滚装运输保障能力。创新租船运营模式,借船出海开通海外直达滚装航线,助力汽车产业建立可靠、稳定、安全的滚装运输供应链体系,推动我国从"汽车消费大国"向"汽车出口强国"转变。

(三)汇聚港航产业优质资源。安徽省港航集团积极对接上海、宁波、大连、盐城等国内滚装枢纽港以及海外墨西哥马萨特兰港、智利圣安东尼奥港等港口单位,为启运港、目的港船舶靠港作业等争取费率优惠及便利条件。同时,走访中远海特、招商滚装、上汽安吉、长久物流等国内滚装船公司,接洽挪威华轮威尔森、新加坡 EPS 船公司、英国 Zodiac(佐迪亚克)等国外船东,寻求运力租赁、航线共舱等业务合作,为汽车产业发展建立可靠、稳定、安全的物流供应链体系。

案例4:江苏推进通港达园专支线建设 构建 江海河联运物流服务体系

　　江苏省推动沿江沿海港口更好融入长三角世界级港口群,不断提高航道等级、提升枢纽能级、拓展航线网络、推动联运发展、加快智慧绿色赋能,初步形成"三横一纵"江海河联运格局,切实把江苏水运资源优势转化为发展优势和竞争优势,助力江苏省经济社会高质量发展。2023年,江苏省干线航道达标里程2576公里(稳居全国第一),千吨级航道连通85%的县级及以上节点,水路货运量占综合货运量38%(比全国平均水平高22%),完成集装箱多式联运量、内河集装箱运量保持15%以上增速,吸引新材料、新能源等30多个百亿级企业沿干线航道落户。内河水运已成为江苏省吸引重大产业落地的新名片(图4-1),有力支撑区域经济社会发展、产业转型升级和内外双向开放。

图4-1　江苏内河水运

一、主要做法及成效

(一)提升水运基础设施互联互通能力。江苏加快高等级通港达园专支线建设,打通干线航道沿线产业园区、港口作业区"最后一公里","两纵三横"干线航道基本实现联网贯通;19个港区(作业区)接入铁路专用线,沿海主要港口实现铁路进港全覆盖;2023年新增万吨级以上泊位24个,内河千吨级以上泊位60个,新增港口通过能力1亿吨以上,优化基础设施供给结构,构建干支衔接的水运基础设施网络,增强水运"门到门"服务能力。

(二)打造经济开放的水运集装箱物流网络。江苏累计开行95条内河集装箱航线,直达上海、浙江、山东、河南、湖北等8个省(市),辐射长江干线、淮河水系以及京杭运河;开辟84条集装箱国际航线(含5条远洋航线),覆盖35个国内主要港口和15个国际基本港,与主要贸易国通达率达60%。"内畅外联"的水运物流网络有力保障产业链和供应链稳定畅通,助力江苏构建对外开放新高地。

(三)构建以内河水运为特色的多式联运体系。江苏创新实施内陆集装箱码头、外贸支线、中欧班列"船车直取"零等待等模式,稳定开行120余条多式联运线路(聚焦焦炭、粮食、铁矿砂、国际班列等开辟多条铁水联运特色线路),初步形成"三横一纵"江海河联运通道格局;拓展海铁联运业务,以江海联运集装箱运输"一单制"为突破口,推广应用海运提单,开辟26条海铁联运线路,实现"铁路箱下水、国外直接返箱";建设铁水联运公共信息服务平台,实现与连云港、南京、徐州等港口数据交换与信息共享,创新海铁联运班列转关模式,实现就地报关、当地查验,为企业节约报关时间约24小时。

(四)推动水路运输智慧化绿色化转型发展。江苏累计建成4000公里内河电子航道图,覆盖全省三级以上干线航道网,主要集装箱港口实现码头管理系统全覆盖,长江沿线散货码头基本实现生产调度智能化全覆盖。在全国率先实现内河船舶航线手机导航,建成并运行内河干线航道运调与监测系统,初步实现全省内河航道可视、可测、可控、可调度,通过智能感知、联合调度、手机导航等服务,船舶平均待闸时间同比降低30%以上。全省港口船舶水污染物接收、转运、处置比例长期保持在95%以上,港口岸电设施泊位覆盖率达98%,实现船舶靠港使用岸电常态化使用,

"水运江苏·美丽港航"品牌效应持续巩固。

二、经验启示

（一）大力提升水运设施服务能级。江苏持续提升航道等级,完善港口集疏运体系,增强港口枢纽作业能力,加快"投资小、里程短、实施快、效益好"通港达园短支航道建设,通过内河港口与沿海港口、航道与产业衔接、产业沿航道、港口布局,实现水运设施互联互通,构建内外联通的水运物流网络,增强水运基础设施综合服务效能。

（二）打造多式联运服务精品线路。江苏紧紧围绕粮食、新能源、新材料等重点产业,建设沿新亚欧大陆桥、沿江、沿海铁水(海铁)联运通道和沿江、沿运河江海河联运通道,聚焦多式联运、内河集装箱、中欧(亚)班列三大类,开辟34条精品试点线路,基于线路推进多式联运组织模式创新、服务规则衔接、技术装备升级、信息互联共享、市场主体培育,促进多式联运可持续发展。

（三）加快推进智慧水运创新发展。江苏切实推进水运智慧化转型升级,组织开展智能航运研究,制定出台加快推进智慧航道、港口建设实施方案,开展电子航道图、干线航道智能感知设施试点示范建设,先后发布智慧航道建设技术指南、内河电子航道图、航道外场感知设施3项省级智慧交通行业标准。

案例5:武汉阳逻港加快建设中部地区枢纽港 助力黄金水道释放"黄金效益"

近年来,武汉市抢抓国家综合货运枢纽补链强链机遇,围绕高质量建设长江中游航运中心,通过强基础、拓通道、优服务、促融合、调结构,持续增强长江黄金水道通过能力,加快推进以阳逻港为核心的武汉港港口建设,不断提升服务水平,集装箱吞吐量稳定增长,将阳逻港建设成为长江中游集装箱枢纽港、中部外贸货物集散地、内陆开放型多式联运中心,全面提升长江航运服务品质,有力促进交通物流降本提质增效。

一、主要做法及成效

(一)强基础,推动国家综合货运枢纽补链强链。加强5G、人工智能等新一代信息技术与港口各领域深度融合,建成投运阳逻国际港集装箱铁水联运二期工程(图5-1),完全实现无人集卡水平运输系统规模化运营;建设疏港铁路专用线,实现港口码头与铁路无缝衔接,重塑阳逻港铁水联运格局,平均减少1000元/标准箱的公路短驳费用;依托港站封闭一体化运作,引入海关、检验检疫机构入驻,形成"港站同场、运输同场、关检同场、信息同场"一体化格局,提高港口生产作业效率20%~30%。

(二)拓通道,构建高效互联集装箱铁水联运网络。阳逻港开通各类集装箱航线30余条,基本形成"国际直航、江海直达、省际航线、省内支线、水上穿巴"互联互通的现代化集装箱航线网络;以水运为核心,依托武汉联南接北、承东启西的交通区位优势,持续织密西南、西北铁水联运品牌线路,缓解三峡水运过闸压力;探索与中欧班列(武汉)联运,相继开通"日本—中国武汉—欧洲/蒙古国""欧洲—中国武汉—韩国"等国际海铁联运线路(图5-2),有效带动长江经济带高水平开放。

图 5-1　阳逻国际港集装箱铁水联运二期工程

图 5-2　集装箱航线铁水联运

（三）优服务,提升集装箱航线运输效率。阳逻港成立"武汉集装箱联合服务中心",推动沿海与内陆地区港口互联互通,强化与上海港合作,创新发展阳逻港—洋山港的"联动接卸"模式,省去转关申报和洋山港区倒箱等环节,为外贸企业缩短物流运输时间2~3天;打造"武汉阳逻—上海洋山""武汉阳逻—上海外高桥"联盟航线,年运输能力达50万标准箱,采用"船期共定""舱位共享"的合作模式,按照"定装卸港口、定运输线路、定班轮船期、定运输时间、定全程运价"五定班轮运营,航线运输服务时间缩短近50%,单航次装载效率提升20%。

(四)促融合,建立跨区域协同联动发展机制。常态化运营长江中游省际集装箱公共班轮,推广鄂湘赣"组合港"通关新模式,三地海关实现"系统互通、数据互享、业务互认",电子口岸业务三省通办;开通重庆港—武汉阳逻港直航航线,紧密衔接武汉阳逻—上海洋山、外高桥联盟航线;联合四川,大力发展"长江班列+江海联运",综合运输时效缩短50%,综合运输成本降低30%。

(五)调结构,提升内河铁水联运枢纽绿色化水平。依托阳逻港打造两个国家级多式联运示范工程,大力推动"公转水""公转铁",突破性发展铁水联运,连续两年集装箱铁水联运量及增速居全国内河主要港口首位。践行绿色发展理念,新能源集装箱货车、绿色岸电等一批低碳设施广泛应用,降低港口污染15%以上,节约能源30%左右,实现环保与效益双赢。

二、经验启示

(一)畅通物流通道是内河航运高质量发展的关键路径。武汉阳逻港陆续开通并稳定运行高品质航线,不断探索创新航线运输组织模式,着力发展江海联运、铁水联运、跨境多式联运等运输方式,大幅缩减货物运输时间,有效降低全程运输成本,打响了武汉内河铁水联运枢纽品牌效应,为推动中西部地区更高水平对外开放提供了通道保障。

(二)区域协同合作是促进降本提质增效的重要支撑。武汉市依托长江中游三省、鄂赣湘三地海关、武汉都市圈协调发展、国家综合货运枢纽补链强链等工作机制,加快推动跨区域、城市群、都市圈、企业间多层次协同合作和共建共享,以阳逻港为核心,在通道建设、模式创新、信息共享等方面强化合作,形成合力,通过做强市域引领省域、联动区域服务全域,有力促进降低全社会物流成本。

(三)服务产业发展是交通物流体系建设的根本要求。武汉阳逻港发挥黄金水道作用,大力推进江海直达、近洋直航、国际海铁联运等通道建设,有力支撑了武汉市"光芯屏端网"、新能源汽车等产业稳定发展,为长江中上游宜昌、荆州等地化工品、机电产品出口,重庆、四川等地矿石、粮食进口发挥了重要作用,有效支撑了长江流域及腹地范围内的产业链供应链稳定。

案例6:山东小清河打造河海直达物流新通道推动内河水运绿色低碳智慧发展

内河航运是促进国内大循环的重要通道,对降低物流成本、促进区域协调发展具有重要作用。小清河是山东内河"一纵三横"高等级航道网中的重要"一横",是贯穿山东省中部工业走廊的黄金水运通道。山东海洋集团抢抓政策机遇,聚焦"绿色""智慧",将小清河打造成连接省会、贯通鲁中、河海联运的陆海新通道,助力交通强国山东示范区、山东绿色低碳高质量发展先行区建设。

一、主要做法及成效

(一)聚焦重点货物需求,打造小清河物流运输新模式。山东海洋集团与沿海港口合作,探索超限件"河海直达"物流新模式(图6-1),先后完成风力发电机轮毂、桅杆式起重机大部件、大型环件锻造凸缘等由小清河直达海南东方八所港、温州港、天津港、福州江阴港、东营广利港的运输任务,解决了超限件在公铁运输中因超高、超宽、超重导致的成本过高以及安全风险等问题,为企业节省综合物流成本20%~30%;与中谷、大连集发、信风海运等主要干支线集装箱船公司合作,开拓集装箱运输业务,强化面向渤海湾以及东南沿海港口出海通道,企业综合运输费用下降10%;推动京杭运河山东段和小清河"两河联动",完成京博石化集装箱(聚丙烯)的"公水联运"业务;对接欧亚班列,积极推进铁水多式联运,将从俄罗斯进口的成品纸经济南港中转水路运输至广东地区,通过与渤海湾干支线航线的连接,进一步拓宽小清河物流辐射范围和服务能力。

(二)产研结合创新发展,建造小清河航运新运力。山东海洋集团加强与科研院所合作,为小清河量身建造3艘新型清洁能源动力试验船(图6-2),其中,两艘内河兼海驳船——"鲁清001""鲁清101"在小清河段采用纯电力推进方式,在海运段与顶推船——"鲁清201"通过专门设计制造的"河海联运"铰接装置组成"海上运输组合体",减少内河航段运输碳排放量,每航次在装卸环节节省4小时,有效验证了清洁能源动力船舶的可靠性和经济性。此外,山东海洋集团同步推进小清河适航近海散货船、近海集装箱船和散集两用船的设计建造,力争用最短的时间实现自有运力的快速增长,船舶投运后,可为社会提供小清河适航、经济性高的船舶船型参考。

图6-1 超限件"河海直达"物流新模式

图6-2 新型清洁能源动力试验船

(三)数字联通航运要素,搭建内河港航智慧新平台。聚焦"港、航、闸、船、货"五要素融合发展,山东海洋集团建成小清河"五位一体"智慧港航物流平台(图6-3)、数据中心及运营指挥中心,实现物流基础信息管理、物流网络货运、港口日常管理、航运综合服务及港航数据分析发布等功能,推动港口生产运营、小清河物流业务、航运综合服务的高效运行和统筹管理,为内河智慧港航物流建设提供解决方案。通过对港口、航道、船闸、船舶、货源等关键要素进行动态监测、态势评估、安全预警、统计分析，实现航运服务智能化、生产管控实时化、安全监管立体化，以及水运物流资源线上精准对接，提高运输效率20%，降低运输成本10%，吸引公转水货源增加20%。推动现代信息技术与闸口、起重机等自动化设备有效结合，升级打造多维度数字孪生码头，实现道路、堆场、集装箱、岸桥、场桥等设施设备的高精度建模，提高港口装卸转运效率50%以上，减少港口生产人员50%，降低转运成本60%。

图6-3 "五位一体"智慧港航物流平台

（四）打造"近零碳"排放港口，探索绿色低碳发展新路径。小清河沿线港口作业机械全部使用新能源和清洁能源，建设港口电卡充电桩和换电装置（图6-4），可满足120余辆集疏港电动车辆和港口作业电动流动机械的充换电需求，安装岸电装置8套，实现已竣工泊位岸电全覆盖，建设分布式光伏，可满足船舶靠泊、电动船舶充电等生产生活需要，年均上网电量670万千瓦时，每年可节约标准煤约2058.4吨，减排二氧化硫约203.8吨、二氧化碳约6766.9万吨、氮氧化合物101.9吨，减少粉尘排放1829.7吨。

二、经验启示

（一）创新运输组织模式是提质降本增效的关键。山东通过优化资源配置，不断探索实践"河海直达""两河联动""内外贸运输一体化"等运输组织模式，解决传统运输方式成本高、安全风险大等问题,减少河海中转环节,提升运输效率,为内河港口腹地企业大幅节省综合物流成本,提升整体物流服务效率和服务水平。

图6-4　港口电卡充电桩及换电装置

（二）产研结合是推动高质量发展的重要途径。山东海洋集团与科研院所合作,研制新型清洁能源动力试验船,船型综合应用节能型线、高效螺旋桨、结构轻量化、直流组网、电力传动等绿色智能船舶技术,取得绿色船舶-3（最高级别）附加标志,为小清河复航提供有力保障,有效减少碳排放、降低船舶运营成本。

（三）数字化转型是行业变革的必经之路。山东坚持将数字化转型贯穿小清河沿线港口建设运营全过程,聚焦"港、航、闸、船、货"五类要素,推动5G、物联网、大数据等新一代信息技术在港口各类设施的应用,搭建数字智慧管控应用场景,创新水路网络货运模式。

（四）绿色低碳是可持续发展的有力支撑。山东注重节能减排和环境保护,通过设计清洁能源船舶、安装分布式光伏、岸电装置、使用电力能源作业机械并配套建设供配电系统及充电桩等措施,有效减少碳排放和环境污染,降低运营成本,着力打造绿色港口,降低碳排放。

第二篇

深化运输结构调整

案例7：辽宁推进铁路专用线进企入园　推动大型工矿企业物流"公转铁""公转水"运输

辽宁省深入贯彻习近平生态文明思想，坚定不移推动交通运输领域清洁低碳转型，以实现交通运输减排、降碳、增效为总目标，以大型工矿企业运输结构调整为抓手，制定出台系列政策文件，构建政府主导、部门联动、多主体参与的工作格局，持续推动多式联运提质、铁路运能提升、水运系统升级、货车超限超载治理四大专项工作，促进多种运输方式高效衔接，提升综合运输整体效率。截至2023年底，辽宁省34家年运量大于150万吨的大型工矿企业大宗货物总运量达3亿吨，通过铁路、水路、管道（皮带廊道）、新能源车辆等绿色运输量2.7亿吨，绿色运输占比达87.9%，其中，铁路运量占比69.9%，较2020年提高了42.9个百分点，运输结构调整成果持续巩固。2023年，辽宁省完成多式联运量159万标准箱，同比增长12.6%，连续7年突破百万标准箱，多式联运量创历史新高；海铁联运占港口集装箱吞吐量比例达12.3%，远高于全国3.5%的平均水平，持续保持全国领先。

一、主要做法及成效

（一）推动"三省一区"交通运输战略合作。联合"三省一区"交通运输厅签订了《综合交通运输战略合作框架协议》，明确将"三省一区"多式联运发展等7项工作作为重点合作事项。召开"三省一区"交通运输合作联席会议，审议通过了《关于组建东北三省一区多式联运发展联盟实施方案》等5个专项合作方案，签署了《东北三省一区协同推进交通运输高质量发展行动倡议》，围绕协同推进多式联运发展联盟组建等"6个协同"达成共识。组建辽宁省多式联运发展专业技术委员会，辽宁省多式联运发展研究中心挂牌运行。召开东北三省一区多式联运发展联盟成立大会，组织"三省一区"190余家重点企业加入联盟，多式联运发展聚合效应初步显现。

（二）强化政策支持和资金保障。聚焦海铁联运，组织创建省级多式联运示范工程，年度安排奖励资金4500万元；对进出港口指定收费站标准集装箱运输车辆实施通行费五折优惠，截至目前已优惠通行费3.2亿元；矿石、煤炭、钢材等170余项货物港口收费标准平均降低10%；下浮钢材、铁矿石等主要货类铁路运价，2022年至2023年累计向企业让利超过60亿元。

（三）推进铁路专用线进企入园。中国铁路沈阳局集团积极配合企业修建铁路专用线，2022年以来，辽宁省新开通铁路专用线7条，年度新增铁路货运量1473万吨，实现产成品和原材料"门到门"运输。其中，大连汽车码头（图7-1）专用线建成后，商品车铁路年度运输量由40万辆提升至80万辆；华晨宝马铁路专用线建成后，商品车装车时间由6小时缩短至2小时，日均发送量由116辆增长至174辆，大幅提升海铁联运量。

图7-1　大连汽车码头

（四）创新铁路专用线共用模式。辽宁省共拥有铁路专用线636条，为提升铁路专用线利用效率，中国铁路沈阳局集团整合运能富余的铁路专用线资源，组织专用线附近生产企业开展专用线共用业务，已为398家客户办理了98条专用线的共用手续，在提高专用线经济效益的同时，缩短生产企业短途倒运距离，为"公转铁"提供便利条件，助力企业降本、增效、减排、降碳。

（五）提升铁路服务效能。中国铁路沈阳局集团采取积极对接地方政府、召开企业座谈会、开展专项营销等形式，深入挖掘适铁运输货源，全力推动大宗货物运输"公转铁"。积极与企业开展战略合作，分别与省内10家核心客户、16家重点客户、35家一般客户签订战略合作协议，并向重点企业提供进驻客户代表服务，深度参与企业产供销各个环节，为企业提供了全方位铁路物流解决方案。

（六）优化港口运营组织管理。坚决扛起保障"能源安全"和"粮食安全"的港口责任，搭建"新港—长兴岛"原油中转组合港，港口水水中转物流体系不断完善。开辟粮食、煤炭等重点物资绿色运输通道，2023年完成煤炭、粮食吞吐量6085万吨、6098.5万吨，高效保障"北粮南运"、迎峰度冬等重点时段港口转运通道畅通。新增海上运输船舶8艘、航运服务企业60家，航运服务保障能力显著增强。建立矿石转运一体化协调机制，高效解决矿石码头压船压港问题，压缩矿石船舶候泊时间，实现全年矿石船舶无滞期费用产生。

（七）推进港口大宗货物"散改集"运输。指导港口企业优化航线，加强与沈局、哈局等企业合作，全年完成集装箱吞吐量1315万标准箱，同比增长10%。大力发展散粮、钢材类等产品集装箱运输业务。2023年，全省港口累计完成粮食类货物装箱2330.5万吨，同比增长418.5万吨，粮食类货物"散改集"运输占比达38.2%，同比提高4.8个百分点；钢材类货物装箱量396万吨，同比增加59万吨，钢材类货物"散改集"运输占比达9.6%，同比提高2.3个百分点。

（八）创新"大连—营口铁矿石组合港"业务模式。辽港集团充分发挥营口港辐射腹地的距离优势，利用大连港深水码头基础条件，组织钢厂通过"拼单"方式购买原材料，通过40万吨级大型矿石船运至大连港，再换装内贸小型散货船运抵营口港，最后以皮带、公路或铁路的运输方式疏港至周边钢厂，为钢厂提供"门到门"的全程物流服务。"大连—营口铁矿石组合港"业务模式缓解了营口港大型矿石码头生产作业压力，2023年营口港矿石船舶平均候泊时间比2021年同期降低88.5%，同时还帮助钢厂节约采购和海运成本。

（九）统一海铁联运相关标准规范。制定行业（地方）标准《多功能钢质托盘笼车技术要求和作业规范》《港口接入铁路专用线设置规范》《集装箱海铁联运站场设置规范》等，统一多功能钢质托盘、港口铁路专用线、集装箱海铁联运站场等海铁联运关键设施设备标准,对提高统一海铁联运作业规范,提升服务效率和品质提供依据。

二、经验启示

(一)加强部门协同联动。省交通运输厅牵头,会同发改、环保、统计、铁路、港口等部门建立运输结构优化调整沟通联络协作机制,持续深入开展多式联运提质、铁路运能提升、水运系统升级、货车超限超载治理四大专项行动,推进辽宁省运输结构持续优化。核定全省具有铁路专用线的150万吨以上大型工矿企业和物流园区名录,对运输结构优化调整工作作出全面部署安排,制定"一企一策""一园一策",省、市、企业三级联动,形成工作合力共同推进运输结构调整优化任务保质保量完成。

(二)加强政策支持和资金保障。充分发挥省级财政奖补资金的引导作用,支持铁路、港口、大型工矿企业以多式联运示范工程建设为载体,打通多式联运堵点和难点,提高多式联运市场竞争力。推动港口企业降低港口收费标准10%,减轻交通物流企业负担,提升水路运量。实施集装箱车辆高速公路差异化收费政策,引导货运"散改集"运输,实现交通物流业降本增效。

(三)加强督导考核。完善运输信息统计,每月调度企业运量数据等相关信息,核定企业运量统计台账及运量分析台账,将运输结构调整工作纳入对各市交通强国建设督导考核之中,对运输结构调整工作进展缓慢、工作调度、推进不力的市加大督办力度,推动运输结构调整取得实效。

案例8:河北铁路专用线"进码头、进园区、进厂矿" 推动大宗货物运输"公转铁""公转水"

河北省拥有丰富的工矿资源和发达的工业基础,是中国北方重要的工业和物流中心。近年来,河北省深入贯彻落实党中央、国务院关于推动多式联运高质量发展、优化调整运输结构的决策部署,积极推动铁路专用线"进码头、进园区、进厂矿",加快建立大宗货物绿色集疏港体系、"港口+内陆港"多式联运体系、企业园区绿色集疏运体系、道路货运新型服务体系,有力促进交通物流降本提质增效。2023年河北全省铁路货运量为3.01亿吨,铁路货运量占全社会货运量比例由2017年的7.5%提高到2023年的11.9%,公路货运量占比由2017年的90.7%下降到2023年的85.9%,货物运输结构持续优化,综合运输效率明显提升。

一、主要做法及成效

(一)加快港口集疏运铁路专用线建设。省政府办公厅印发《优化港口集疏运体系实施方案》,构建以铁路为骨干的现代化港口集疏运体系(图8-1)。2018年以来,河北建成港口集疏运铁路专用线7条,里程270.1公里,新增铁路疏港能力2900万吨,减少矿石疏港公路运输2000万吨。目前,煤炭集港已全部实现铁路运输,曹妃甸、黄骅等4个专业化矿石码头均建成铁路装车系统或配套皮带廊道。2023年河北省港口保持煤炭铁路、水路集港100%,全省港口煤炭、矿石等大宗货物绿色清洁运输疏港比例达到91.5%,提前完成国家下达的80%的任务目标。

(二)加快企业园区铁路专用线建设。联合省发展改革、自然资源等部门加快推进大型工矿企业、物流园区等重点铁路专用线建设。2018年以来,建成铁路专用线18条,服务6个物流园区和26家企业,铁路专线里程132.7公里。全省100家年运量150万吨以上的大型工矿企业和新建物流园区,其中82家已接入铁路专用线。

图8-1 港口集疏运

(三)创新"港口＋内陆港"多式联运体系。推进石家庄国际陆港、京雄保国际智慧港、衡水国际陆港、定州国际陆港等联运型综合货运枢纽建设,开通"保定—秦皇岛—仁川"铁水联运线路,通过内陆无水港公路集结零散货源后,铁路整列直达港口码头,实现规模化集海港。创新集装箱不落地直接装船模式,实现车船无缝衔接,集港环节缩短3天以上。多式联运集装箱运量由2017年的16.8万标准箱增至2023年的89.5万标准箱,年均增长32.2%。

(四)加大资金支持力度。联合省财政厅等四部门印发《重点城市重型柴油货车新能源替代试点实施方案》,对试点市按新增新能源重型货车每车0.5万元~0.7万元标准给予奖励,持续在"厂区、港区、固定路线、短途路线"等"两区两线"场景推广应用新能源货车。2023年全省新能源营运货车达1.7万辆,增长112.5%。会同省财政厅印发《关于明确沿海港口发展补助资金使用管理等有关事项的通知》,省级每年安排7000万元对运输航线、海铁联运、内陆港、航运企业落户等方面给予资金奖补。

二、经验启示

(一)建立多部门协同工作机制是基础。省交通运输厅会同省发展改革委、国铁集团北京局等18个单位建立了河北省推进运输结构调整工作联席会议制度,明确部门职责、工作规则,形成"市场主导、政府推动、部门联动"的工作机制,凝聚共识、形成合力,共同推进全省运输结构调整工作。联席会议有关成员单位多次联合开展铁路专用线建设情况现场督导调度,协调解决建设过程中遇到的堵点和难点问题,有力推动铁路专用线项目建成投用,为运输结构调整工作打下坚实基础。

(二)建设绿色化集疏运体系是核心。集疏运体系是连接多种运输方式的平台和纽带,是进行一体化运输组织的根本所在。河北省根据工矿企业距离港口较近的特点,大力推进铁路专用线进企入园和皮带廊道运输项目建设,促进港口集疏运绿色化发展;以环保绩效创A为牵引,引导企业园区大宗货物运输选取铁路、水路、皮带廊道、新能源货车等绿色运输方式,促进企业园区集疏运绿色化发展。

(三)创新运输组织模式是重要抓手。多式联运是提升各种运输方式综合效能的有效抓手。河北省着力推动管理部门协同联动、企业主体联盟合作、物流通道连接成网、数据信息联通共享,推动各种运输方式联合统一,实现多式联运市场规模的持续增长。

案例9：浙江推进"四港联动" 促进运输结构优化调整

习近平总书记将物流比喻为实体经济的"筋络"，强调必须有效降低全社会物流成本，增强产业核心竞争力，提高经济运行效率。2017年5月，习近平总书记在"一带一路"国际合作高峰论坛上提出"着力推动陆上、海上、天上、网上四位一体连通"的重大战略倡议后，浙江省率先提出"四港"（海港、陆港、空港、信息港）联动发展，并将"四港"联动发展作为优化调整运输结构的特色抓手，强化顶层设计、夯实联运基础、强化示范引领、深化平台建设，大力推进多式联运发展和优化调整运输结构，提升综合运输效率，降低社会物流成本，促进节能减排降碳。2023年，浙江省完成江海河联运量4.43亿吨，同比增加6.1%；集装箱海铁、江海、海河联运分别完成165.2万标准箱、85万标准箱、182.6万标准箱，分别同比增长13.8%、21.3%、27.5%。全省主要港口大宗货物绿色疏运比例达91.8%，同比提高13个百分点。

一、主要做法及成效

（一）强化政策制度保障。印发《加快推进海港、陆港、空港、信息港"四港"联动发展建设方案》《深化"四港联动"发展 推进运输结构优化实施方案》等系列政策文件，强化运输结构调整和"四港"联动发展顶层设计。坚持以海港为龙头、陆港为基础、空港为特色、信息港为纽带，聚力推进设施联通、枢纽联结、标准联接、信息联网、企业联盟、多式联运和通关联动"七个联"，基本形成了以海铁联运为核心、江海河联运为特色、空陆联运和公铁联运为基础的多式联运服务体系。坚持省、市、县、企"四级"联动，积极争取部补资金、投入省级资金、用好地方资金、撬动社会资金，全力推进"四港"联动设施建设和模式创新，累计出台涉及运输结构调整相关资金政策50余项，对中转集装箱驳运、新航线开辟、"散改集"运输、江海（河）联运船队建设、江海直达运输准班轮化发展等进行资金补贴,全省累计投入各类资金超6100亿元。

(二)推动信息互联。创新搭建"四港"联动智慧物流云平台(图9-1),整合打通海港、铁路、机场、公路等各类信息系统173个,全量汇聚集装箱、货车、船舶、海关、港口等交通物流数据1.6万项,注册用户数突破2.7万家,提升多式联运订舱效率40%以上。打造一批多式联运特色服务子平台,与云平台互联互动,做到各有侧重、融合发展。"海河联运在线"平台,通过构建海河联运一张图、船舶货物一线牵、物流信息一点清、企业申报一路通、政府监管一体化,实现货主、货代、码头、海关、海事等全要素协同。"江海联运在线"平台,创新"口岸+物流"一体化申报、"智能预警+提前计划"疏港调度联运组织模式,破解船舶入港耗时长、堵港预警能力不足、联运组织效率不高等难题。"第六港区"数字服务平台,实现义乌港与宁波舟山港港务、关务、船务一体化,提高海铁联运作业效率约20%。大宗货物"公转水"运输在线应用,累计完成"公转水"运输货运量364万吨,实现碳减排2.9万吨,综合物流成本下降15%。

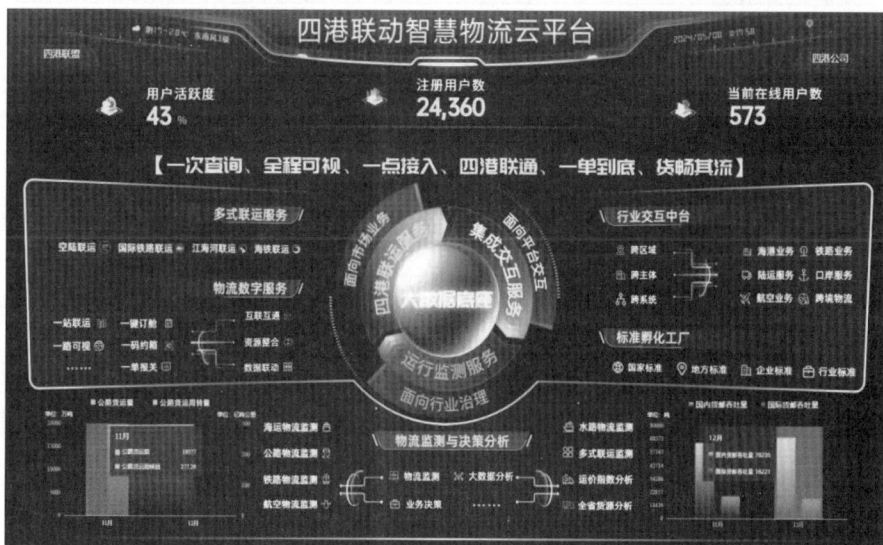

图9-1 "四港"联动智慧物流云平台

(三)统一技术标准。研发标准化运载单元,设计推出1.8万吨散货、438T集装箱、内河智能64标准箱集装箱运输船等江海直达船型,在黄冈、九江、岳阳等7条长江内河航线成功推广应用,目前拥有江海直达船舶16艘、总运力21.4万吨,是全国首支规模化江海直达运输船队。大力发展集装箱专业化运输模式,推动嘉兴、宁波舟山、温州等港区,开展煤炭、焦炭、矿石、粮食等大宗货物"散改集"运输应用。推动标准集装箱循环共用,依托宁波易港通平台,在宁波舟山港、金义陆港等集装箱聚集区域开展循环共用工作,打造集装箱提空、还空、驳空调度平台,实现无纸化一键操作,累计完成3230万自然箱循环调度。设立金义"第六港区"区域节点箱管中心,与21家船公司签订箱管合作协议,创新空箱资源前移、港口功能前置、箱管服务前伸等功能,实现义乌全港区集装箱智能调度。牵头编制《综合货运枢纽设计规范》《跨境电子商务物流信息交换要求》《港口集装箱作业系统技术要求》等系列标准规范,统一海铁联运信息交换规则,规范港口集装箱铁海联运、江海联运作业流程。

(四)创新金融产品。探索"义新欧"国际铁路运单物权化改革,在金华市试点由班列运行平台作为全程多式联运经营人,整合国际铁路联运运单、中国国际货运代理协会多式联运提单等,实现"义新欧"班列"一单到底、一票到底"(图9-2)。赋予铁路运单控货功能,开发"义新欧"班列个性化保险产品,创新"铁路单+CIFA提单"双运单模式和"铁路运单+提货码"融资模式,通过对去程班列实施控货,为中小微外贸企业提供基于铁路运单的运费贷金融服务,解决融资难融资贵问题。2023年中欧班列提单累计办理"控货模式"和"信用模式"授信69户10770万元、用信66笔6036万元。

图9-2 "铁路多式联运提单物权化"签约仪式

二、经验启示

（一）充分发挥政策推动作用。浙江省研究制定省级多式联运扶持政策，充分发挥财政资金的杠杆效应，以"四两拨千斤"之力，引导并激发市场活力。在区域多式联运体系完善、综合货运枢纽补链强链建设、运输组织模式创新、"一单制"发展等方面，打造一批具有示范意义的标杆项目和集成成果，有效弥补"一单制"发展短板，培育壮大多式联运市场经营主体，全力推动运输结构持续调整优化，构建绿色、高效的现代交通物流体系。

（二）深入挖掘信息互联效能。浙江省以信息化技术赋能多式联运发展，通过构建"四港"联运大脑，打造"四港"信息交互中心、联运服务中心、运行监测中心，强化各类物流相关信息互联共享，提供一站式的物流公共信息服务，推动多式联运运输方式、单证管理、安全标准等方面的衔接，实现集装箱多式联运"一键订舱、一码约箱、一单报关、一站联运、一路可视"，大大提升了物流效率与透明度。

（三）加快推进标准规范衔接。浙江省聚焦多式联运信息交换、跨境电商物流管理、港口作业技术要求等方面，研究制定多式联运相关标准规范，推动多式联运运营服务、作业规范、单证管理、安全标准等方面的衔接，通过推动重点行业多式联运全流程运输链标准化示范试点，进一步统一多式联运各环节标准，有效提升多式联运整体运作效率与协同水平，为构建规范有序、高效便捷的多式联运新秩序提供了有力支撑。

（四）创新开展实体化运营。浙江省坚持"政府搭台、企业唱戏"，推动不同运输方式的市场主体联盟合作，首创组建"四港"运营商联盟，实体化运营浙江四港联动发展有限公司，由海港集团牵头，联合交通集团、机场集团等国有企业以及阿里、传化、圆通等民营企业，以资本为纽带，推动海港、陆港、空港等数据共享、业务共建，切实发挥各种运输方式的比较优势和组合效益，打造无缝对接的多式联运体系，实现政策规划与实体运营一体贯通。

案例10:广西破除物理阻隔和信息壁垒
打造海铁联运一体化样板

广西北部湾港成立海铁联运一体化联合调度中心,围绕"一体化运营""内部化转化""合署化调度""智慧化互联",打通海铁联运堵点和卡点,推进北部湾港海铁联运一体化无缝衔接,有力促进交通物流降本提质增效。

一、主要做法及成效

(一)拆除物理围网,实现海铁联运一体化作业。钦州自动化集装箱码头后方堆场毗邻钦州铁路集装箱中心站港口作业区,港口、铁路两个场站中间用围网分离,两方独立运营。为彻底解决港、铁"邻而不接""联而不通"问题,两个场站"拆网合营"(图10-1、图10-2),并入同一海关监管区、同一作业区,集装箱倒运车辆可以由港口闸口直接进入集装箱中心站进出站平台,将外部倒运变为内部倒运,由"两进两出"减少为"一进一出",行驶距离缩短约2公里,每个集装箱可为货主节约运输成本100多元、节省倒运时长3小时,作业效率大幅提升。

(二)打通信息壁垒,实现铁路、港口、海关数据互通。聚焦作业流程一体化,港铁双方合署办公,实现港口与铁路系统联通,统一数据交换方式、交换清单,实现港口船期、海关放行指令和铁路运单信息、货物追踪信息等18项信息互联互通,综合作业效率提升约20%。同时,打通海关和港口信息数据壁垒,实现闸口进出和堆场堆存两组海关报文由港口系统自动传输至海关系统,满足海关对场站集装箱信息监管需要,每列海铁联运班列提升作业效率20分钟以上。

(三)优化作业流程,实现"直装直卸"模式创新。创新直装直卸模式(图10-3),实现"下车即上船、下船即上车",大幅减少集装箱落地环节,每列车作业时间节约30分钟以上。提升验箱作业效率,通过扩大验箱区面积,增设验箱通道,增补验箱员,将开箱验箱的抽查率由5%降低至2%,实现每列车作业时间节约60分钟以上,验箱效率提升50%。

图10-1 海铁联运一体化作业

注:图中标记路段为推行一体化前转运车辆须经过的市政道路段;推行一体化之后,转运路线无须经过市政道路,市政道路的拥堵得到解决。

图10-2 拆除围网前后示意图

(四)推进智慧服务,缩短驾驶员等待时间。开发闸口自动识别系统,实现闸口自动识别抬杆和向海关报文数据自动采集功能,较传统人工录入报文信息方式减少集装箱倒运车辆等待时间15分钟以上。取消驾驶员落地办理"集装箱运输作业票"环节,改为线上预约,每趟次节约驾驶员倒运时间30分钟以上,集装箱倒运车辆作业效率提升超过50%。

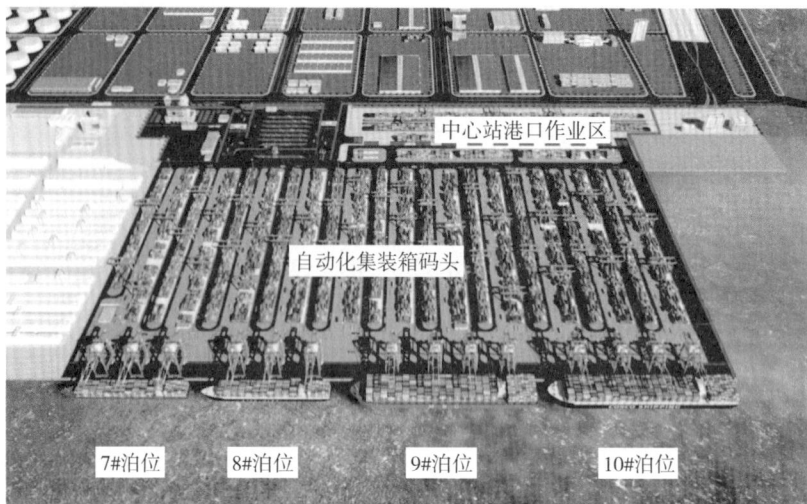

图10-3 "直装直卸"模式自动化集装箱码头示意图

(五)积极探索推进多式联运"一单制、一箱制"。广西协同西部陆海新通道沿线省份开通海铁联运"一口价"线路173条,推动各运输方式分段计费转变为全程统一费率,实现从重庆等省(市)经北部湾港"一个平台、一个窗口、一次委托、一次保险、一次结算、一条龙作业"门到门全程物流服务。2024年上半年共签发"一单制"提单5810票,货值2.32亿美元。推行35吨宽体箱内贸海铁联运"一箱到底"运输模式,2024年上半年,南宁南—钦州港—日照港全程"一箱到底"运输完成1770标准箱。

二、经验启示

(一)拆除物理围网与打破信息壁垒是提升联运效率的关键。广西拆除钦州自动化码头堆场与铁路集装箱中心站的物流围网,打破港口、铁路、海关、船公司等主体间的信息壁垒,推动实现港口、铁路各方在物理形态以及信息通路的直接连通,大幅减少集装箱外部倒运距离和时间,增强各方数据的流通性和可交互性,有效打通多式联运"一单制、一箱制"信息和单证衔接堵点和卡点,进一步提高作业效率、降低综合运输成本。在物理与信息两个层面加以整合,为海铁联运的效率提升提供了有力的支撑。

(二)流程优化与创新是提升联运效率的重要手段。在钦州港口、铁路场站合并运营后,通过优化作业流程、增扩验箱空间和人力资源等方式,实现共同监管、共同作业,创新"直装直卸"模式,减少了集装箱落地和倒运环节,大幅提升了作业效率和服务质量,促进了海铁联运链条顺畅运行。2024年4月码头联运倒运作业效率较2023年提升30%。

(三)智慧化是提升联运效率的重要途径。钦州自动化集装箱码头通过开发建设闸口自动识别系统、线上预约货物落地办理作业等环节,推进智慧服务,有效缩短了驾驶员等待时长,既提升了海铁联运作业效率,又提升了用户满意度和黏性,为物流行业的智能化、自动化发展提供了有益的借鉴和启示。

案例11:青岛依托上合示范区 推动多式联运改革

近年来,针对陆路运输资源分散、规则不统一、单证金融化不够等堵点和痛点,青岛从资源整合、金融赋能等方面发力,创新推动多式联运改革。打通国际物流"中梗阻",海铁联运量连续9年位居全国沿海港口城市首位,中欧班列通达23个上合组织和"一带一路"相关国家的54个城市,国际物流中心建设成效初步显现。

一、主要做法及成效

(一)依托上合示范区多式联运中心,创新整列直达+TIR运输(国际公路运输)新模式。青岛市通过整合山东济铁胶州物流园、中铁联集青岛中心站、青岛港等关键货运枢纽,组建上合示范区青岛多式联运中心,运营"上合快线",实现青岛整列直达上合组织国家主要节点城市班列,减少中转、换装、编组环节,与常规班列相比,时间节省10%~15%,总体费用节省7%~10%。同时,引入国际公路运输系统,创新推出"中欧班列+TIR"运输新模式,实现上合示范区至莫斯科国际道路运输定班专线常态化运行(图11-1~图11-4),将"日韩陆海快线"延伸至日韩主要港口,实现跨境运输一次申报、一证直达,减少通关时间和成本。

(二)重构单证规则,推动上合示范区多式联运"一单制"改革。与中国国际货运代理协会合作,重新建立单证规则,在上合示范区(图11-5)试点使用CIFA提单(中国国际货运代理协会货运提单),建立"一份合同、一张单证、一次付费、一单到底"的全程运输模式,将货物交易变成单证交易,贸易单据处理由原有的"多头接洽"转变为"一窗受理",单据流转时间缩短30%,此外,引入信用池系统,通过搭建供应链金融服务平台,实现陆运、海运相关业务单位数据无缝对接,开展线上仓单质押融资业务,打造"班列+进出口企业+供应链金融"模式。

图11-1　上合示范区TIR中俄专线首发仪式

图11-2　青岛—莫斯科TIR运输

图11-3　上合示范区中俄快线第100车次

图11-4 "上合示范区—同江—莫斯科"中欧班列首班开行

图11-5 上合示范区多式联运中心

（三）搭建多式联运综合服务平台，拓展延伸港口功能。青岛搭建"云港通"平台（图11-6），推广铁矿石"船铁直转"作业模式，卸船作业线直连铁路装车作业线，铁矿石运输时间从7天缩短至2天；在20余个内陆港应用"陆海通"多式联运平台，通过在途监管功能，畅通内陆港与港口、船公司、海关的信息通道，为内陆进出口企业提供"端到端"的全程物流综合服务，提升效率25%，降低综合物流成本20%，实现港口功能在内陆港的延伸和拓展；建立多式联运综合服务平台（图11-7），提供实时业务数据和一站式多式联运信息服务，依托多式联运"数字一单制"跨境联盟网络项目，运用区块链技术打造多式联运电子提单全生命周期运营体系。

图11-6　"云港通"平台

图11-7　上合示范区多式联运平台

二、经验启示

（一）枢纽建设是多式联运高质量发展的基础保障。枢纽作为多种运输方式的交汇点，能够实现不同运输方式之间的无缝衔接，从而促进多种运输方式协同发展，提高多式联运服务的整体效能。青岛强化交通网络互联互通，积极构建多式联运枢纽与集疏运体系,紧抓综合货运枢纽建设契机,打造国家港口型、空港型、生产服务型、商贸服务型"四型合一"的国际综合性物流枢纽,显著提升物流服务质量与效率,稳固产业链供应链的安全运行。

(二)资源整合和模式创新是多式联运高质量发展的主要手段。青岛充分发挥海陆空铁"四港联动"资源禀赋,打造上合示范区青岛多式联运中心,创新推出"上合快线"整列直达班列、"中欧班列+TIR""日韩陆海快线"等运输模式,通过东西双向互济、陆海内外联动,加快打造面向日韩、对接上合市场的多式联运体系,为日韩与上合组织国家间的跨境运输与贸易提供便利化、一站式服务。

(三)数字赋能是多式联运高质量发展的重要支撑。青岛积极搭建多式联运综合服务平台、"云港通""陆海通"等数字管理平台,实现物流信息实时共享和业务流程智能化管理,优化港口作业流程和作业效率,推动港口服务向铁路、内陆港延伸,探索跨境多式联运贸易融资新机制,协同破解物流信息壁垒,提升集疏运效率,降低综合物流成本,助力多式联运高质量发展。

案例12:中铁铁龙技术驱动钢铁物流重构　打造多式联运运贸一体化发展新格局

　　中铁铁龙抢抓"一带一路"、西部大开发、长江经济带、粤港澳大湾区、RCEP(区域全面经济伙伴关系协定)、西部陆海新通道等战略发展机遇,依托柳州较为成熟的钢铁产业和完善的铁路、内河网络,以打造钢铁专业联运品牌和精品线路为突破点,将资本市场与铁路产业有机结合,不断创新管理体制和经营方式,形成了特种集装箱运输、铁路货运与临港物流等主营业务格局。

一、主要做法及成效

　　(一)打造钢铁多式联运通道,优化运输组织结构。中铁铁龙充分利用现有铁路专用线资源,依托专业化联运站场,打造"柳钢—北部湾港口"铁海联运、"柳州—贵港、梧州"铁水联运、"柳钢—我国珠三角、云南、贵州、四川和越南"公铁联运、"柳钢鹧鸪江、云约、玉林钢铁深加工及物流产业园内循环"公铁联运4条多式联运线路,建立"铁路干线运输+两端公路短驳"的钢铁产品联运组织模式,推进大宗货物运输"公转铁""公转水",有效缩短公路运输距离,降低钢铁运输结构性成本。

　　(二)创新研发卷钢联运装备。中铁铁龙利用铁路既有35吨敞顶箱,创新研发放置箱内用于卷钢运输的专用Ⅰ型、Ⅱ型两种卷钢座架(图12-1),卷钢通过铁路35吨敞顶箱运输,大幅提高运输效率,减少作业时间,降低综合运输成本。此外,中铁铁龙创新研发手持伸缩式视频检查仪(图12-2),解决入箱检查困难、作业安全系数低等问题。为集装箱配备北斗/GPS集装箱锁具,实现集装箱运输的全过程跟踪。

　　(三)开展专业化多元化联运服务。中铁铁龙根据企业运输需求,量身定制专业的"多式联运"运输解决方案,开展全品类、集约化、标准化和"门到门"的运输服务,助力中铁铁龙从生产型制造企业向服务型制造企业转变。在为上下游企业提供多式联运运输服务基础上,中铁铁龙探索拓展供应链金融等多元化服务(图12-3),开展液体危化品仓单质押金融业务,开拓卷钢等钢铁产品联运业务,实现企业可持续发展。

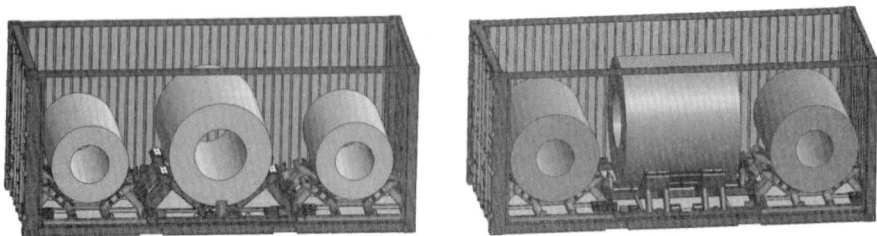

图12-1　座架组合钢卷运输

图12-2　手持伸缩式视频检查仪

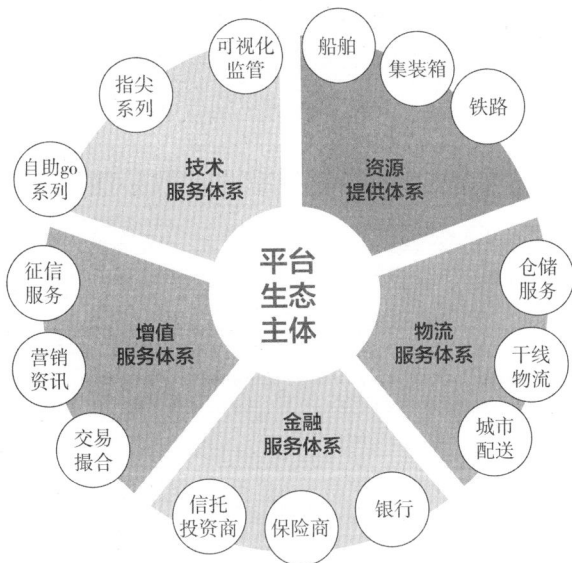

图12-3 专业化、多元化联运服务体系

（四）建设钢铁供应链协同发展平台，打造运贸一体化生态。中铁铁龙创新"运输+"服务业态，建设钢铁供应链协同发展平台，整合各主体联运资源，实现物流资源的统筹调动和共享共用。以钢铁物流供应链为基础业务，吸引大宗商品贸易、金融等生态圈内企业入驻平台，激发商业流、信息流、资金流和货物流"多流合一"，实现多式联运全产业链条的无缝衔接，塑造钢铁产业多主体共融发展的产业生态圈，促进多业态深度融合，打造"钢铁产品联运+大宗物资贸易+大宗物资金融"的运贸一体化生态。

二、经验启示

（一）以精品线路为载体，推进大宗货物运输结构调整。中铁铁龙着力打造4条联运精品线路，将部分公路运输线路转为"铁路干线运输+两端公路短驳"的运输组织模式，有效缩短长距离公路运输里程，推进大宗货物运输"公转铁"，有力支撑打赢蓝天保卫战和污染防治攻坚战。

（二）应用新技术、新设备支持产业发展。中铁铁龙以研发物流新装备为核心，创新研发卷钢入箱新型运输方式、引入北斗/GPS集装箱锁具、研发手持伸缩式视频检查仪，在提高多式联运效率及改善客户体验等方面发挥了重要的示范作用。

（三）拓展钢铁产业供应链一体化服务。中铁铁龙依托联运供应链协同发展平台,统筹调动各联运主体的物流资源,提高核心资源使用效率及运作效率,拓展多式联运产业服务链条,贯通涵盖运输、大宗商品贸易、金融的联运全产业链,为钢铁产品物流资源整合提供新范式,实现由传统联运企业向生态服务企业转型升级,推进钢铁产业供应链服务一体化发展。

第三篇

推进交通物流与产业融合发展

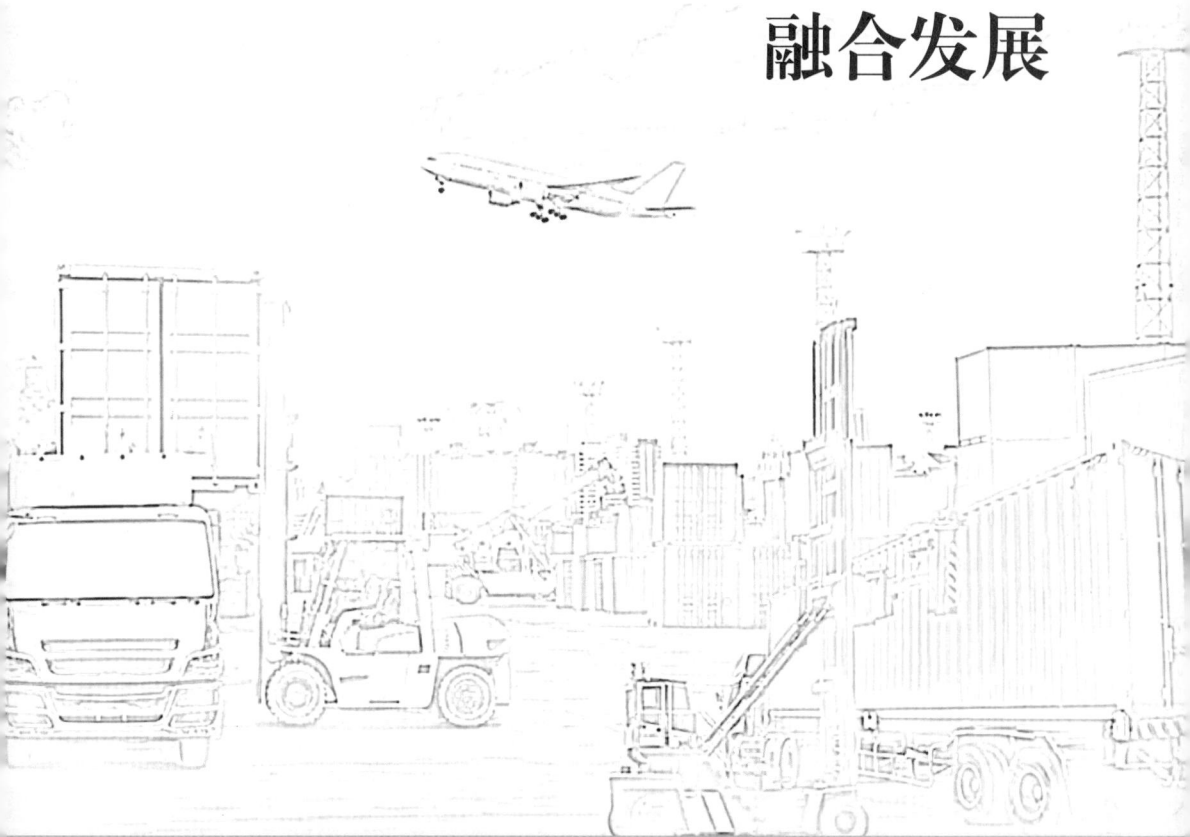

案例13:成都国际铁路港中欧班列通道加密 成网　助力中国制造"走出去"

成都国际铁路港是成都中欧班列、西部陆海新通道、中老班列等国际班列始发地,先后获批自贸区、综合保税区、国家级经济开发区、国家进口贸易促进创新示范区。近年来,成都国际铁路港积极响应国家"一带一路"倡议,充分发挥中欧班列通道优势,建立以成都为主枢纽,西进欧洲、北上蒙俄、东联日韩、南拓东盟的"四向"成都国际班列线路网络和全球陆海货运配送体系,目前已连接境外63个城市和境内20个城市,成为西部国际门户枢纽、面向泛欧泛亚开放的战略门户。为加快推进国家进口贸易促进创新示范区建设,有效支撑实体产业发展,成都国际铁路港打造"一带一路"产业基地,首创"蓉欧速达"全程时刻表班列运营模式,创新自贸区制度,推动"成都+欧洲"双工厂模式,全力保障供应链安全,提升产业链韧性。

一、主要做法及成效

(一)构建"四向通道",建立班列高效运输机制。成都国际铁路港(图13-1)建立以成都为主枢纽、西进欧洲、北上蒙俄、东联日韩、南拓东盟的亚欧大陆多式联运物流新通道,连接境外112个城市、境内30个城市,累计列车开行量超2.7万列,已成为全国开行量最多、区域合作最广泛、运输最稳定的国际班列。同时,开辟中欧班列陆上直达补充线路(成都经上海、宁波至波兰的全程海铁联运通道),便利内陆企业自主高效选择国际运输线,为保障产业链和供应链稳定,推动外贸进出口高效顺畅运转提供有力保障。

(二)通道助力建设"贸易高地",外向型产业集群成链成势。成都国际铁路港利用班列高效运输机制,为TCL、吉利、莫仕、神龙等企业提供稳定的供应链服务,同时推动跨国企业构建与国际班列运输相匹配的全新"成都+欧洲"双工厂生产组织模式,有力保障了四川本地汽车整车、电子信息、智能家电、生物医药、先进材料等适铁适欧产业运输需求,带动出口量和出口额平均每年增长30%,助推中国制造"走出去";聚焦国际供应链、国际贸易、临港智能制造三大主导产业,引进超千亿元的顺丰、香港玉湖、盒马鲜生、TCL等重大物流项目近200个,积极打造"一带一路"国际供应链经济主要承载区(图13-2)。

图13-1　成都国际铁路港

图13-2　"一带一路"国际供应链运输

（三）建设"智慧陆港"，创新金融服务。构建多式联运"提单"及配套规则体系，明确提单是唯一取货凭证功能。建设"智慧陆港"，汇集国际贸易单一窗口、成都海关、班列公司、陆港场站等200余项数据，实现口岸全流程线上作业，海关四个关键环节企业"0跑动""一单到底"的全程物流监管，场站整体作业效率提升40%。创新多层次"提单"金融服务，组织多式联运经营人与银行等金融机构合作，创新"一单制"跨境运输多元融资模式，实现一单融资，补强国际供应链产业金融信贷功能短板。

二、经验启示

（一）健全完善陆港枢纽功能。成都国际铁路港是四川唯一铁路货运型国家对外开放口岸及整车、肉类、粮食进境指定监管场所，且已建成集装箱共享中心、多式联运中心、成都城厢站新增国际集装箱功能区。同时，成都国际铁路港还获批了自贸区、综合保税区、国家级经济开发区、国家进口贸易促进创新示范区。完善的物流枢纽功能和国家级示范园区创建平台，为成都国际铁路港创新运营模式、优化金融财税政策、加快技术迭代提供了得天独厚的政策优势，助力产业集群发展。

（二）加速通道织密成网。北向依托中欧班列实现北（至俄罗斯、白俄罗斯）、中（至欧洲）、南（跨里海、黑海至欧洲）三线并行，基本实现欧洲重要节点全覆盖，开通"蓉欧速达"班列，运输时效缩短至12天/趟次。南向首创"澜湄蓉欧""越桂蓉欧"快线品牌，东南亚经成都联通欧洲最快时效压缩至15天以内；首发"中老泰"全程铁路直达班列，实现成都经中老班列5天内到达泰国。东向建立"枢纽对枢纽"运行组织模式，与上海、宁波、青岛等沿海港口合作推进海铁联运通道建设，辐射日韩和美洲。通道加密成网进一步提高了成都国际铁路港国际物流供应链服务保障能力，更好支撑对外贸易发展。

（三）提升陆港信息化水平。成都国际铁路港搭建"智慧陆港"信息平台，整合海关、检验检疫、中欧班列公司、场站等各方信息，通过"让数据多跑路"提高国际贸易便利化水平。

案例14:江苏优化大件运输审批流程 持续助力制造业跑出"加速度"

江苏省制造业蓬勃发展带动大件运输呈几何级增长态势。为助力制造强省建设,江苏省出台大件运输"一揽子"举措,坚持服务为本,不断简化审批流程、创新监管机制、优化营商环境、提升大件运输审批时效和监管水平。2017年至2023年,江苏省累计完成大件运输许可100余万件,增长近千倍,服务徐州、苏州、无锡、连云港、盐城、南通、常州7市的大型重装工程机械、风电设备制造等产业集群,办理大件运输许可10余万件;服务C919大型客机、"奋斗者"号载人潜水器、"问天"实验舱、"复兴号"动车组等一批大国重器的专项特种运输,助力江苏制造业加速发展。

一、主要做法及成效

(一)开拓"省级统筹+横向联动"许可新路径,大幅提升审批效率。江苏建立省级大件运输审批专职机构,统筹协调大件运输许可业务(图14-1),与公安交警、路桥公司开展联动许可审批,将与公安交警部门的征求沟通时间由3天压缩为实时处理,将大件运输许可法律文书由24个精简至8个;升级大件运输许可数字化系统,开发大件运输许可手机申报"掌上办"平台,创建江苏省大件运输许可服务公众号,通过数据多跑路缩短许可审批时间75%以上,实现了一类件当日申请当日办结,二类件平均2~3个工作日办结,三类件平均最长不超过5个工作日办结。

(二)打造"精准对接+信用赋能"审批新模式,显著增强服务水平。江苏为大件运输重点企业、重点项目提供定制化、专业化、系统化审批服务,与183家大件生产企业建立"一对一"联络员服务机制,开展企业培训300余场,协助办理大件运输申请7万余件。深入推广"信用+承诺+批量"审批服务,对省内信誉较好的大件运输源头企业大力推行大件运输许可信用承诺制,为固定路线、相同装载方式和物品的批量运输任务提供批量审批服务。对风电设备、机械设备等大件标准件产品创新实行"信用+远程勘验"核查机制(图14-2),打造23家"免勘验"标杆企业,实现大件运输车货勘验"零"等待。

图14-1 联动许可大件运输

图14-2 风电设备"信用+远程勘验"

(三)探索"统一验算+审管衔接"监管新机制,助力制造强省建设。江苏聚焦车货总质量在100吨以上的三类件,研究制定桥梁验算江苏标准,统一引入第三方专业机构进行桥梁验算。加强审管衔接,强化事中事后监管,着重开展行驶路线核查及执法巡查(图14-3),将未按规定路线行驶的大件运输车辆纳入重点监管名单,在全国率先实施入口拒超,实现高速非法大件运输"零"驶入。

图14-3 大件运输重点监管

二、经验启示

（一）多层级多部门协同联动。江苏建立省、市、县三级分工明确的办件机制，省级成立专职机构，办理跨省及省内跨设区市件，市、县两级机构负责办理本区域内件。同时，各级办件机制相关部门开展联合审批、协同监管，围绕定制化审批、大件运输企业信用评级、远程勘验、高速公路入口收费站核查等方面加强联动，形成大件运输审批监管合力。

（二）全方位多举措精准服务。创建"二重三化"服务品牌，建立"联络员""一对一"服务机制；推广勘验"提速"服务，对三类大件标准化产品推行"远程勘验"机制，确保勘验24小时内完成；推行大件运输许可信用承诺制，对信用等级好的企业，给予容缺受理、优先勘验、优先审批、批量办理等便利支持，不断提升行业服务质效。

（三）纵横交错数据线上联通。江苏加速推动大件运输跨省纵向联通和公安交通横向联动，实现大件运输许可和审批数据线上流转到沿途省份交通部门和省内公安交警部门，保障大件运输在"信息路"和"运输路"上并肩飞驰，真正实现"企业少跑腿、流程再提速"，借助信息化大幅缩短许可和审批时间，优化大件运输营商环境。

案例15:嘉兴打造"长三角海河联运枢纽港" 服务"新三样"扬帆出海

嘉兴港(图 15-1)毗邻上海浦东,是浙北地区唯一出海口,依托其优越的水深和通航条件,实现内河港池与太湖水系、长江联通。近些年,嘉兴港以打造长三角海河联运枢纽港为目标,建设首个海河联运无人化码头,积极引入无人驾驶集装箱货车、智慧化远程控制等尖端技术,构建"嘉港通"智慧平台、打造零碳绿色港口,深化"散改集"运输装备研发,通过海河联运平台经济创新,提升集约化组织化水平,为"新三样"等关键产业提供"一站式"多式联运服务保障。

图15-1 嘉兴港

一、主要做法及成效

(一)创新海河联运服务产品。开通海河联运航线29条,业务辐射浙江、江苏、安徽、河南等区域,推动海河联运驳点深入企业周边或工业园区内部,有效缩短"最后一公里"短驳距离。2023年,嘉兴港海河联运重箱出口完成23万标准箱,同比增长68.7%,增速位居全国第一。同时,为满足"新三样"货运量大的需求,打造内河定港口、定航线、定船舶、定班期、定运价的"五定"班轮运作模式,灵活调整班期密度,确保海河联运成为"新三样"稳定的物流服务产品。据测算,杭嘉湖地区至宁波舟山港出口集装箱运输,较传统公路运输,嘉兴港海河联运平均降低企业物流成本1000元/标准箱,有力增强了企业竞争力,助力外贸促稳提质增效。

(二)智能化技术革新打造无人码头。积极发展无人驾驶集装箱货车、智慧化远程控制等技术设备,实现港口智能化运营;打造"嘉港通"海河联运一体化智慧平台,推动长三角海河联运各环节、全过程数据要素整合,实现海河联运一张图、船舶货物一线牵、物流信息一点清、企业申报一路通、政府监管一体化;运用5G、北斗定位、AI大模型等技术,实现港口智能生产调度、生产感知、生产预警、前瞻预演等。据统计,斗轮机全自动集中控制改造,节约能耗300万千瓦时,每年节电效益达180万元;智慧调度系统应用后,港口货物吞吐量、外海接卸量、内河运输量平均增长25%,海河联运待泊时间缩短至1小时,企业综合成本大幅下降。

(三)打造零碳绿色港口。探索打造氢能零碳"嘉兴—宁波"海河联运示范线,在乍浦港区探索使用氢能源集装箱货车、氢能源船舶,实现全程运输碳零排放。2023年,氢燃料集装箱货车累计作业总里程188万公里,减少碳排放2081吨;推进港口分布式光伏应用,新建设施实现太阳能光伏发电系统全覆盖,全面推广的LED灯等绿色照明灯具,比传统灯具节能50%;完成18套外海低压岸电标准化改造,外海及内河泊位岸电覆盖率达100%,推动靠港船舶岸电使用应接尽接,岸电用电总量同比增长超过300%。

(四)研发"散改集"运输装备。持续加大技术装备研究力度,迭代升级"散改集技术5.0版",实现"散改集"运输制箱、装车、装卸船等工艺的全过程直装直卸"无人化"智能作业。据测算,每万吨煤炭"散改集"运输可节约2.5万元,通过"无人化"智能作业,大幅减少人工干预和货损货差风险,作业效率提升约20%。

(五)创新海河联运平台经济新业态。建设内河航运一站式物流平台,具备航线开发、订舱管理、运输组织、操作保障等功能,实现对浙北区域出口集装箱的统一受理、货源和船舶运力统一调度、集约运营,以及从空箱、内河船舶、短驳集装箱货车、支线船舶、支线配载、宁波放行等全物流链的可视化操作,提高物流供应链的整体运作效率。

二、经验启示

(一)新基建支撑外海内河港口协同发展。嘉兴港锚定海河联运枢纽建设,持续升级港航基础设施,提升内河千吨级航道网,推进外海码头及后方物流园区建设,构建外海进港双通道格局,为港产城融合、海河联运业务协同发展提供战略支持。

(二)新技术推动港口智能化发展。建设海河联运一体化智慧平台,利用5G、北斗定位、物联网、人工智能等先进信息技术,实现全过程数据要素整合,完成智能化生产调度,大幅提高港口作业效率和管理水平。

(三)新设备助力港口绿色化发展。嘉兴港高度重视设施设备技术研发与应用,以示范线路为载体,将氢能源集装箱货车和船舶、光伏发电、岸电等设施设备有机融合应用,成功打造零碳绿色港口,节能减排效果显著。

(四)新模式带动港口多元化发展。发展海河联运平台经济,创新"无船承运"模式,扭转"小、散、乱"的市场发展格局,实现了业务平台一体化管理,优化运输组织、提升物流效率。

案例16：广州探索打造高速公路服务区骨干物流节点 创新路衍经济新模式

广州紧抓从化经济开发区扩容提质的产业发展机遇，充分利用大湾区便捷的高速公路路网优势，积极探索高速公路服务区发展新模式，打造广东省首个数智化高速公路物流骨干节点——从埔高速公路从化南服务区。在高速公路服务区内提供甩挂运输、干线中转、加工仓储、电商分拨配送、应急物资仓储等物流服务，实现干线物流货车不下高速公路便能完成物资运输、仓储及配送，在零担物流和城市配送之间建立有效的连接机制，减轻物流对城市交通造成的负担，缓解城乡土地资源短缺问题，为物流供应链和高速公路融合发展提供解决方案。

一、主要做法及成效

（一）打造物流"中转站"，缓解城乡土地资源短缺。从化南服务区充分利用高速公路沿线土地资源，推进路域资源综合开发，设置服务区综合楼、加油站、独立收费站、物流服务设施和附属配套设施等。同时，探索高速公路服务区"开口子"模式，在服务区后部设置收费站，实现大型货车仍在高速公路域内承担干线运输业务，货物由周转仓进行分拨，通过"后门"进入服务区的货运车辆进行城市配送，有效避免路费偷逃、市政道路拥堵等现象，将服务区打造成为物流"中转站"，有效缓解城乡土地资源短缺问题。

（二）高标准设计城郊大仓，建设"平急两用"物流节点。从化南服务区（图16-1）是广州市第一批"平急两用"公共基础设施，设置有"三区三通道"，"三区"用于外来人员休息和临时隔离的外区、本地人员工作和休息的内区以及内区与外区之间的缓冲区，"三通道"为非管控人员通道、管控人员通道以及货物通道。平时，为服务城市生活物资、物流运输物资的中转分拨节点；急时，可快速改造为应急物资和生活物资中转调运站、接驳点和分拨场地,有效加强公路运输设施应急转换韧性,增强应急物资急时转运能力。

图16-1 从埔高速公路从化南服务区现状图

(三)路内外高效联动,为周边产业提供物流供应链服务。从化南服务区(图16-2)地处大湾区北部交通枢纽,是南货北上和北货南下的重要节点,周边集聚分布生物医药、智能装备、精细化工、绿色食品制造、新能源和新材料等高新技术产业,年均产值370亿元,具备稳定的产业基础。从化南服务区依托周边产业的货物集散需求,充分利用高速公路的快速通达性与高速公路服务区的近城市性,将高速公路服务区作为产业与交通连接纽带,打造成为高速公路内外联动的物流中转集散节点,为产业链上下游提供高效、安全的物流供应链服务。

二、经验启示

(一)充分发挥政策指引优势。为推动特色服务区建设工作,省、市两级政府部门陆续出台相关指引政策,印发《广东省高速公路特色服务区建设方案(2024—2027年)》和《广州市"平急两用"公共基础设施建设实施方案》,扩大服务区用地及建筑规模,结合路域产业特点,支持打造一批具备综合服务功能的高速公路特色服务区,全力推动高速公路服务区提质升级。

图16-2　从埔高速公路从化南服务区整体效果图

（二）强化高速公路沿线产业与服务区深度融合。高速公路具有线路长、辐射范围广、通达性高的自然属性，应充分整合高速公路沿线产业优势，通过综合利用开发服务区，打通产业链上下游，推动链上物流、商流、资金流和信息流有机结合，积极探索服务区"开口子"模式，加强沿线产业与高速公路服务区深度融合，实现高效物流促进上下游产业联动发展。

（三）实现"服务区+"规模化应用。广东省依托高速公路网络的通达性和高速公路服务区广分布的特点，规模化应用"服务区+物流"模式，复制推广物流型高速公路服务区成功案例，形成环大湾区核心城市的高速公路服务区物流节点网络，在提高物流周转效率、降低物流成本的同时，大量释放城区内物流地块，用于高质产业更新，为区域产业转型升级提供崭新的思路和发展平台。

案例17：中国五矿打造产业链贯通发展新优势 助力金属矿产物流提效降本

中国五矿以金属矿业为核心主业，充分发挥货主优势，通过创新第三方铁矿石港口，采用混矿商业模式、打造稀缺矿产资源多式联运线路、搭建多式联运网络平台、探索多式联运"一单制"和供应链金融服务等手段，打造全流程生产物流体系，持续提升大宗金属矿产品物流整体效能，利用大宗商品生产资料属性的乘数效应，持续推动全社会交通物流提质降本增效。

一、主要做法及成效

（一）卡位关键港口，建设绿色炉料基地。中国五矿在曹妃甸港等铁矿石进口主要港口，推出铁前绿色炉料一体化服务方案，将钢厂混匀工序前移至港口，港口功能由"储存—转运"升级为"储存—混匀—转运"，减少矿石原料落地环节，节约原料库存资金，推动物流加工流程在港口的集约化、绿色化发展，与传统非混配矿业务相比，混配矿业务装车由三种原料装车转变为混矿装车，火车装车时间由76分钟/列缩短至60分钟/列。在曹妃甸港，中国五矿已累计混矿经营矿料超千万吨。同时，曹妃甸生产基地（图17-1）基于智能算法构建模型，通过进行多品种矿石原料冶金实验和建立原料性能数据库，形成一体化配矿技术平台，有效提升烧结矿的质量、产量与稳定性，降低燃料消耗与碳排放。经测算，可为钢厂降低混匀矿成分波动和配矿成本7.0元/吨铁，铁前工艺降本增效23~26元/吨铁，降低碳排放48.89~58.92千克/吨铁。

（二）优化大宗商品运输结构，打造稀缺资源多式联运示范线路。中国五矿聚焦国内紧缺的铜铬等金属矿产资源，构建两条辐射华南、华北区域的金属矿产品多式联运示范线路（图17-2），去程开展原材料"散改集""公转铁"多式联运运输，回程将产成品海陆联运或铁路运至东部沿海各需求地，实现双向"重去重回"，为客户提供原料"港到门"配送及产成品的"门到门"运输。示范线路累计运输铜、锌、铬等工业生产基本金属近800万吨,助力下游生产企业降低库存周期30%左右,货损率控制在千分之三以内,两条线路平均降低综合物流成本22.97%,为金属矿产资源的稳定供应与高效利用提供了有力保障。

图17-1 绿色炉料基地

车牌:
终点位置:浙江省宁波市江北区G15沈海高速
定位时间: 2024/7/1 13:25:30

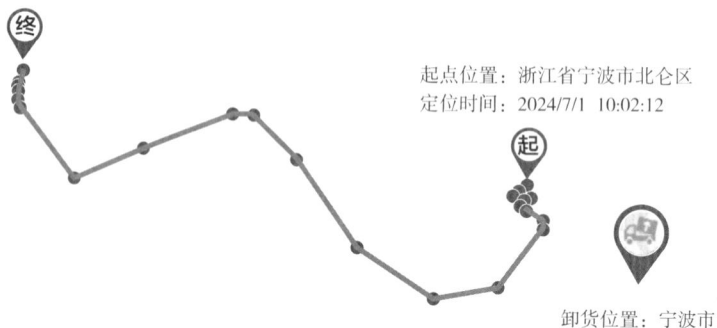

起点位置:浙江省宁波市北仑区
定位时间:2024/7/1 10:02:12

卸货位置:宁波市

图17-2 金属矿产品多式联运示范线路

(三)推动数字化转型,构建多式联运网络平台。中国五矿围绕大宗商品多式联运物流节点多、转换成本高等痛点,积极推动数字化赋能提质,开发卸船短倒运输系统,联通港口系统,实现港口货物从卸船到倒运入库的线上化管理,提高装卸作业效率15%;持续完善多式联运平台"网货""散货仓"和"散货公铁联运集装箱装运"等子系统,实现线上实时竞价、委托方及承运方线上自助服务、物流进度在线实时查询、多端在线协同等系统功能,累计线上结算运输量超过1500万吨,运力线路100余条,网络覆盖沿海港口及新疆、内蒙古、山西、宁夏、成都等50多个核心枢纽。

(四)开展多式联运"一单制"试点,创新供应链金融服务。大宗商品多式联运执行过程中,各运输方式对应的法律法规对托运人和承运人间的责任边界和保险理赔规定不同,行业普遍面临全过程需40余张单证,且存在90%以上信息重复填报等问题。中国五矿联合沿线港口、铁路局、金融机构,开展大宗商品多式联运"一单制"试点以及电子运单和基于仓运一体化的物流链融资业务,依托多式联运信息平台和全流程信息管理,基于全程控货和金融增信,提供"一站委托、上下联通、一次保险、全程可视"的多式联运物流服务。

二、经验启示

(一)聚焦产业链贯通和供应链集成,着力提升物流集约化水平。中国五矿通过模式创新整合重组全供应链服务要素,形成集"资源获取+选混筛加工+贸易物流+尾矿利用"于一体的产业链贯通发展新优势,实现供需信息高效匹配和物流加工流程集约,减少不必要的中间货权转移次数和仓、运需求以减少落地环节,为用料终端提供一体化集成解决方案,简化流通链条,降低流通环节总成本。

(二)聚焦大宗商品运输结构调整,着力提升多式联运效率。中国五矿充分发挥金属矿业全产业链发展优势,统筹货源组织、方案制定、运力组织等不同环节资源要素,打造多式联运示范线路,通过运输流程优化、现场精细化管理和数字化服务,提高运力利用率和货物周转效率,严格控制货损,实现综合物流成本下降。

(三)聚焦综合运输效率提升,着力提升全程联通数字化水平。中国五矿积极推动实体产业和数字产业深度融合,推进数字化流通服务建设,提出"一体化多式联运系统解决方案"。针对散货进口场景,形成自港口清关、码头卸货、码头短倒、临时仓储、公路网货、公铁联运至终端的全场景数字服务,有效提升业务操作效率,降低人工成本,提升客户体验,以物流服务手段创新增强企业核心竞争力。

(四)聚焦物流信息系统联通,着力降低不同物流环节间转换成本。中国五矿推

进多式联运"一单制"试点,旨在通过登录一个业务系统、填报一次运单数据完成相关多式联运业务办理,实现不同运输环节单证信息自动流转、货物信息全程追溯、参与各方信息实时共享,有效降低不同物流环节间转换成本,提升用户体验,提高物流组织效率。

案例18：无锡市创新"双联双提"物流服务模式支撑地区产业经济发展

无锡市全力构建"枢纽+通道+网络+服务+产业"协同发展的交通物流新格局，持续推进"双联双提"工程建设，积极发展多式联运，协同推进多港联动，提升物流供应链驱动力，提高城市产业链竞争力，为区域经济高质量发展提供了交通支撑和物流保障。

一、主要做法及成效

（一）搭建物流对接平台，探索最优路径。无锡市交通运输部门联合海关、工信、商务等部门，开展了2次全产业链市场摸底调查，涵盖全市6866家工业企业、907家商贸流通企业，准确把握贸易格局和物流运输特征，依托"双联双提"运输监测分析平台开发货源与运力分布"热力图"，可视化展示全市货运枢纽容量及运行情况，以及生产企业的运量及需求情况，为多式联运供需匹配提供数据支撑。通过集中推介、逐一对接等模式开展线下"敲门行动"，深入工业园区和千余家重点企业，切实了解企业需求，优化多式联运服务产品，提供"一企一策"的个性化服务（图18-1），推进"公转铁""公转水""散改集"等多式联运。

（二）优化运输网络布局，畅通最广动脉。持续织密苏南硕放机场连接内地、通达世界的航空货运网，稳定运营至纳什维尔、莱比锡、首尔国际航线3条，至深圳、北京、芜湖、鄂州内地航线4条，增开至中国香港、墨西哥（图18-2）全货机航线，"空中货运通道"的织密带动了跨境电商包裹量跃升。无锡南站、无锡西站、宜兴北站创新海铁联运业务，实现海铁联运"三站同开、三线共运"，海铁联运集装箱发送量同比增长44.4%，服务小天鹅、上汽大通、吉利、奇瑞等一大批本土企业"出海"货值超千亿元。无锡西站作为"沪锡海铁前置箱基地"，"家门口"提箱装货，在提高集装箱利用率的同时,有效降低空箱回程产生的成本损耗。

图18-1 "敲门行动"提供"一企一策"服务

图18-2 无锡至墨西哥城全货机航线首航

(三)促进国际班列发展,打造最强引擎。在俄罗斯、中亚国家国际班列稳定运行的基础上,新开波兰马拉方向班列,推动中欧班列公司与德国汉堡物流联合会、乌兹别克斯坦汽车采购联合会等国外机构开展合作共建,打造跨境电商、邮政专列等精品班线,实现中欧班列"重去重回",提高了实载率。无锡西站作为新能源车集装箱监装点,开行笼车内贸班列(图18-3),为笼车国际班列始发运行、打造长三角区域商品车集散中心奠定了坚实基础。同时,无锡西站还补强了国际口岸通关功能,打通了中欧班列货物本地全程通关的绿色通道,实现本地报关、本地监管、本地验放,节约企业运营成本约1/3。

图18-3 无锡笼车内贸班列

（四）提升跨境电商服务，塑造最新优势。无锡市启动"跨境电商+产业带"培育计划，探索实施"一板块一特色"品牌出海行动，江阴纺织服装、宜兴紫砂、锡山电动车、惠山汽车及零部件、滨湖高端精密智造等跨境电商产业带建设成效初显，各板块特色产业带抱团出海。为适应跨境电商物流需求，无锡硕放机场与DHL快递合作（图18-4），实现ABCD类国际出口快件的申报和操作，同时，为配合企业申报出口，机场实行每周5+2天及7天×24小时通关保障，助力DHL快递顺利"出海"。目前，无锡市26家企业在19个国家布局49家海外仓，覆盖欧美等主流市场以及东南亚、中东、南非、澳大利亚等新兴市场，借助境外海外仓完成中转仓储、分拨配送等地面服务，客户从接单到产品送达仅需4~5天，运费降低约40%。

图18-4　DHL快递无锡口岸

（五）简化口岸通关流程，提升贸易效率。无锡市实施国际航行船舶进出口岸电子化查验和"不见面审批"，持续推行证明事项告知承诺制，实现国际航行船舶出口岸"快办快出"；全面推广使用"海事通App"及长三角一体化智慧海事监管系统，依托"四直"通道实现船舶信息一次申报、航次信息全程共享，打造开普型船舶进出江绿色通道，实现长三角区域内开普型船舶"一程进出"，缩短进江等待时间1~2天。通过"口岸外观查验+目的地综合处置"的联动模式，实现口岸海关与属地海关协同查验作业一体化。开展进口货物"船边直提"和出口货物"抵港直装"，铁矿、煤炭等大宗商品的口岸周转速度平均缩短1.5天，有效保障企业生产供应链稳定。

二、经验启示

（一）加强体制机制支撑。围绕"双联双提"工程推进，领导小组、工作例会、信息报送、督查考核等制度相继落实。市政府牵头制定实施方案，明确各部门分工，落实责任，形成"政府主导、部门联动、板块落实、整体发力"的工作格局。同时，制定工作例会机制，搭建上传下达的沟通渠道，执行督导考评考核制度，营造比学赶超工作氛围，工作推进不断提速增效。

（二）加强运输品牌宣传。搭建物流要素资源精准对接平台，举办"双联双提"物流供应链对接会，面向全市140多家重点制造企业、外贸企业和货源企业，宣传推介了5大枢纽的物流供应链体系，14个重点项目集中签约，引进国内外大型运输贸易企业，优化市场供需关系，服务企业降本增效。

（三）加强政策资金引导。研究制定推进"双联双提"工程一揽子政策和资金保障体系，统筹无锡（江阴）港高质量发展、中欧（亚）班列接续运行、航空货运市场培育、运输结构调整示范城市创建、全国绿色货运配送城市创建等资金奖补措施，实现了一个框架"统揽"、促进各项工作"同频共振"、发展质态"水涨船高"，有效引导了市场资源的集聚，助力企业降本增效。

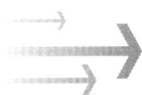

第四篇

推进多式联运
"一单制"发展

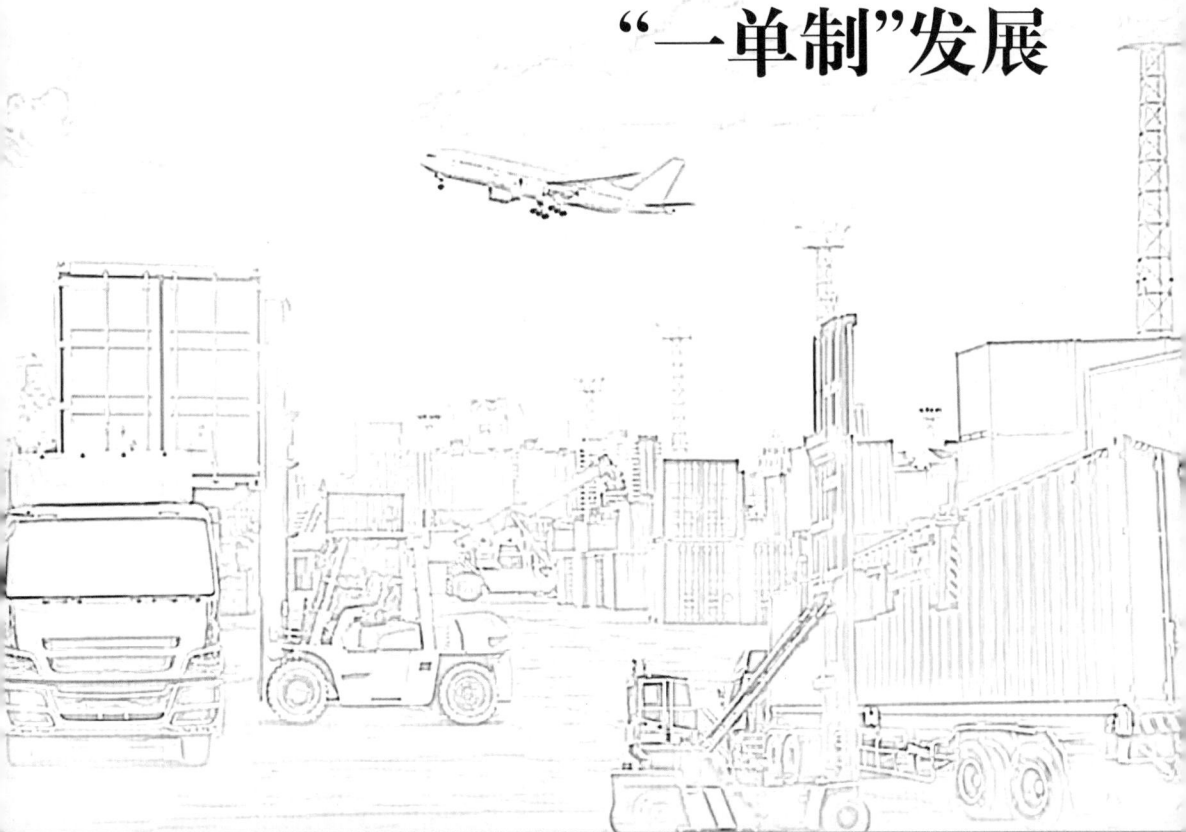

案例19：重庆物流集团创新多式联运"一单制" 打造中欧班列"钢铁驼队"

重庆物流集团有限公司(以下简称重庆物流集团)依托重庆中欧班列,探索"中欧班列+公路"、"中欧班列+铁路"(西部陆海新通道国际铁路班列)、"中欧班列+水路"(长江黄金水道)等多种运输模式,建立起"3+10+N"集结分拨体系,中欧、渝满俄、中亚、中越、中老泰、渝滇缅、印度洋等51条国际班列线路稳定运行,通达亚欧100余个城市和地区,形成辐射中南半岛、衔接中亚地区、联通欧洲腹地的国际贸易新路径。近年来,重庆物流集团不断拓宽通道规模,持续提升运行质量,不断探索供应链金融创新。

为更好地解决陆上国际贸易融资难题,自2017年以来,重庆物流集团大力探索多式联运"一单制"快速应用发展,推动陆上贸易规则创新,创新制定中欧班列多式联运"一单制"运输提单——渝新欧铁路提单,探索供应链金融新模式,丰富健全国际铁路多式联运物流与贸易规则,成功打造"一带一路"建设的"钢铁驼队",有效支撑重庆市"33618"现代制造业集群体系建设,服务外向型经济发展。

一、主要做法及成效

(一)集中攻坚多式联运"一单制",制定渝新欧铁路提单。重庆物流集团下属渝新欧公司集中攻坚多式联运"一单制",牵头创新制定了基于中欧班列的多式联运"一单制"运输提单——渝新欧铁路提单(图19-1)。2017年12月,渝新欧成功开具全球首笔铁路提单国际信用证,打破了国际贸易领域陆运提单缺失的格局,改变了国际陆上贸易的融资方式,实现铁路提单"零"的突破。2020年6月,重庆"全球铁路提单第一案"在国内率先形成司法判例,对铁路提单及其基本交易模式予以肯定,并明确交易相关规则,对陆上贸易规则探索具有重要意义。

图19-1 签发中欧班列提单

（二）申请无船承运人等多式联运资质。重庆物流集团下属渝新欧公司作为多式联运"一单制"的运营主体,综合运用其拥有的多式联运经营人资质,将多重运输资质、全链条服务整合为多式联运提单,实现公铁海空等多种联合运输的"一单制",为后续推广使用渝新欧铁路提单打下坚实基础。

（三）创新应用多式联运提单。重庆物流集团依托提单数字化平台研制多式联运电子提单,融合铁路、公路、海运等全链条不同运输方式的运输信息,利用区块链技术将货物运输信息上链,形成电子提单实现线上流转,可解决验真伪、防篡改等瓶颈,填补铁路多式联运提单缺失的空白,为客户提供"一次委托、一次结算、一单到底"一体化物流解决方案。

（四）创新多式联运提单供应链融资产品。重庆物流集团充分利用多式联运电子提单全程可视化、可控化、可溯化等优点,对货物运输全程监控,形成"交货—运输—监管—提货"全链条闭环。通过与金融机构合作,在商流、物流、信息流、资金流"四流合一"的情况下,强化多式联运电子提单物权凭证功能,为客户提供基于联运提单的无抵押、无担保进口货物融资服务,实现了区块链技术赋能物权属性、全流程信息实时追溯、单据信息透明化"三大突破"。截至2024年底,重庆物流集团共计签发铁路提单超7000份,促成融资服务87笔,融资金额1.8亿元,有效缓解中小进出口贸易企业资金压力,促进重庆外向型经济发展。

(五)推进多式联运信息互联互通。建设多式联运信息系统,打通重庆中欧班列、渝甬班列、渝穗班列、东盟跨境公路班车等国际物流大通道以及国内分拨配送网络信息,联通德国DIT堆场管理系统,实时掌握集装箱进出场动态及在场箱源信息。联通重庆市口岸物流办单一窗口平台、海关系统,融合交互班列计划、海关报关数据、班列运踪等信息,通过"数据跑路"降低多环节操作管理成本,提高中转联运效率,综合效率提升超10%。

(六)规划布局国际联运场站。重庆物流集团在中心城区及周边区县布局了50个物流场站,大型物流场站均具有多式联运功能。在德国杜伊斯堡港投资布局中欧班列自主产权海外仓——渝新欧德国分拨中心,并以德国为中心,在波兰、白俄罗斯、匈牙利等国建集散分拨节点,实现欧洲全域集散分拨网络全覆盖,充分满足外贸企业境外集散分拨、清关等地面服务需求,加速外贸货物周转速率。

(七)深化路地合作,持续完善铁路提单格式。为推动成渝地区双城经济圈建设,2023年起两地中欧班列运营平台与中铁成都局集团有限公司深度合作,统一中欧班列(成渝)提单格式,并完成首单跟车测试,成都铁路局出台《关于开展成渝双城"铁路+"多式联运"一单制"协同创新试点的通知》,专项支持围绕中欧班列持续推动试点工作,重庆在全国率先实现铁路提单由地方政府和铁路公司联合创制应用,铁路提单初步实现了"走出去"。2023年11月,两地共同签署首张统一格式的中欧班列(成渝)多式联运提单,共同探索形成成熟、高效的"铁路+"多式联运单证签发应用流程,推动跨省域"一单制"单证格式统一、标准互认,实现"一单制"从"一地实践"到"多地共推""各自试点"到"逐步统一"。

(八)嫁接运用场景,强化通道金融赋能。重庆物流集团下属渝新欧公司于2023年5月与建设银行重庆市分行合作,运用区块链技术开展首笔电子提单融资业务,采用"站到站"铁路电子提单融资模式,无须任何担保抵押,通过将运输货物上链形成电子提单,全程线上流转及融资,实现无纸化操作,具备可视化、可控化、可溯化等优点,达成了商流、物流、信息流、资金流"四流合一"的供应链金融创新。同年9月,完成与国家金融监督管理总局重庆监管局"跨境易融"数字金融服务平台系统对接,开展铁路提单融资的真实性审查。重庆物流集团下属渝新欧公司、陆海新通道运营有限公司先后与浦发银行、交通银行等签订通道金融综合服务框架协议。

二、经验启示

（一）"设施网络"是推动多式联运发展的基础。重庆物流集团补齐铁路场站、水运港口运输方式单一的短板，健全铁路场站在仓储转运、交易融资、综合配送等服务功能，重点投资集电子商贸交易、冷链仓储服务、物流综合配送、金融服务接入、进出口保税加工等功能于一体的多式联运枢纽园区，在国际物流通道沿线布局海外物流集结中心，健全境外地面服务网络，提高货物集散分拨效率。

（二）"信息互联"是推动多式联运发展的核心。重庆物流集团积极推进国际多式联运信息互联，促进重庆中欧班列、长江航运、渝甬渝穗班列、西部陆海新通道各类运输方式及与境外枢纽节点信息互联互通，推动实现海关、税务等政务信息共享，缩减多式联运各节点的操作时效，提高各环节协同作业能力，进而提升公司国际多式联运服务能力。

（三）"统一标准"是推动多式联运发展的关键。重庆物流集团创新研制并应用统一的多式联运运单，开展基于"一单制"的单证、通关、金融业务流程试点，探索建立不同运输方式运价、订单受理、运输、交货、结算、责任理赔等标准规范，为开展铁海联运、江海联运、国际铁路联运等多种联运方式"一单制"提供参考借鉴。

案例20：宁波舟山港推进多式联运信息互联互通 打造海铁联运精品线路

　　宁波舟山港立足深水良港和集装箱远洋干线枢纽港的基础优势，充分发挥港口航线资源和陆海联动机制作用，将港口航运资源延伸至内陆，通过推动多式联运信息互联互通，探索创新多式联运"一单制"，推出"一次委托、一口报价、一单到底、一票结算"全程运输服务产品，打造"宁波舟山港—浙赣湘(渝川)集装箱海铁公多式联运"示范工程，稳定开行重庆、南昌、上饶、金义等地区至宁波舟山港的精品海铁联运线路。截至2023年底，宁波舟山港海铁联运业务范围已辐射16个省(区、市)的65个地级市，建成内陆无水港36个，带动宁波舟山港海铁联运集装箱量稳居全国第二，其中外贸集装箱量全国第一。

一、主要做法及成效

　　(一)推进多式联运信息互通，实现物流全程监控。宁波舟山港积极与国铁集团对接，实时获取集装箱铁路运输在途信息节点数据，实现海铁联运信息互联。建成宁波舟山港海铁联运协同管理信息系统，整合码头、港区集装箱办理站、短驳车队、货代等海铁联运上下游相关方物流信息，为客户提供铁路订舱、全程物流跟踪、智能查询等线上服务，减少了客户烦琐的信息沟通成本，提高海铁联运运营服务效率。

　　(二)创新海铁联运全程运输提单，海铁联运线路延伸至内陆腹地。宁波舟山港不断丰富海铁联运"一单制"的内涵，通过船公司签发海铁联运全程提单，将收货地从沿海港口延伸至内陆城市，实现了海运提单的功能延伸。宁波舟山港率先在"渝甬通道"(图20-1)运营平台中推动中远海、马士基、长荣、赫伯罗特等多家主流船公司签发海铁联运全程运输提单，为内陆企业减少了大量异地订舱及用箱成本。近些年，宁波舟山港海铁联运"一单制"业务不断增长，目前已有15家主流船公司可签署海铁联运全程提单,业务覆盖至重庆、合肥、武汉、向塘等30余条海铁联运线路,出口货物集装箱重箱超10万标准箱,为内陆企业减少异地订舱及用箱成本约2500万元。

图20-1 渝甬海铁联运专列

(三)研发应用新技术新装备,提升联运效率。宁波舟山港引进智能装卸手持终端,结合海铁联运协同管理系统应用,全面升级装卸作业信息化水平,货运员通过智能手持终端输入集装箱箱号、车皮号、股道号、图片备注、超偏载检测数据等重要信息,即完成多式联运集装箱装卸作业电子数据传输,实现装卸作业全程无纸化操作,减少了大量的纸质单证流转,避免了不必要的人工错误。

(四)创新海铁联运运输模式,提升海铁联运运能。宁波舟山港在绍兴开行海铁联运普通集装箱双层运输,目前已累计开行集装箱双层运输353趟,运输量达4892标准箱。加快甬金铁路双层高箱运输试验线建设,在义乌苏溪至宁波舟山港开展双层高箱海铁联运业务,预计年运输量超100万标准箱,通过运输组织模式创新,增加铁路运量40%,降低运输成本30%。

二、经验启示

(一)以信息互联为驱动力,以数字赋能提升服务效能。宁波舟山港搭建数字协同发展平台,推动港口、船公司与铁路部门实现系统对接与数据共享,打通海铁联运上下游信息壁垒,实现集装箱海铁联运全程信息可视化跟踪、业务承揽、生产协同、商务结算、智能化应用等功能,以数字赋能提升服务效能。

(二)以"一单制"推广为突破口,以精品线路发展海铁联运。宁波舟山港通过搭建海铁联运服务平台,统一与马士基、长荣、中远海、赫伯罗特等多家主流船公司签订海铁联运全程运输协议(海铁联运CCA协议),开启多式联运门到门"一单制"运输,在重庆、郑州、西安等地区大力推广船公司签发海铁联运全程海运提单,以"一单制"推广为突破口,打造海铁联运精品线路,提升多式联运综合管理效能和服务水平。

(三)以模式创新为抓手,以优质服务拓货源增腹地。宁波舟山港在义乌、金华、绍兴、合肥等重要节点城市开行点对点循环班列,稳定货物运输时间,有效提高班列运行效率;开通"无轨站",将铁路车站"搬"到舟山综保区,降低粮食等大宗散货客户的用箱成本;通过"一头多板"创新实施"最后一公里"甩挂运输,有效解决场站堆存及装卸能力不足问题;开行海铁联运客户专列,解决客户缺箱缺舱难题,通过个性化服务做优、做强、做大海铁联运业务。

案例21：厦门外代国运创新基于货代提单的 多式联运"一单制" 打造海铁联运 特色服务体系

厦门外代国际货运代理有限公司(简称"厦门外代国运")以多式联运"一单制"发展为契机,以集装箱海铁联运场景为切口,整合港口、铁路、陆地港等多方资源,打造多式联运"一单制"信息系统;强化与多式联运产业链上下游的码头、船东、货代、运输企业合作,推动"一单制"在全程物流体系中的运用,加大"一单制"提单的签发量,促进海铁联运无缝衔接。截至2023年,厦门外代国运承揽的多式联运业务共签发743票、7396标准箱的"一单制"提单。

一、主要做法及成效

(一)建设多式联运"一单制"信息系统。为打通不同运输环节物流数据的交换和共享,实现全流程的无缝衔接和全程管控,厦门外代国运自主开发"厦门港物流服务云平台",搭建"一单制"试点执行运营平台,平台具备在线委托、全程管控、实时跟踪、费用查询和统计分析等功能;厦门外代国运不断推动多式联运单证电子化、标准化,充分利用平台数据及第三方公共数据,实现了"一单制"物流动态跟踪,为客户提供"一单制"业务一站式公共服务。

(二)创新基于货代提单的多式联运"一单制"提单。为解决集装箱联运过程中存在的多头委托、单证交接烦琐、信息传递与共享难等实际问题,中国(福建)自由贸易试验区厦门片区管理委员会(简称厦门自贸委)牵头,携手厦门外代国运共同推进"一次委托、一次付费、一单到底"的集装箱海铁联运业务,吸引港口、交通运输、口岸、海关、银行等多部门积极参与,厦门外代国运作为货代签发多式联运"一单制"提单。截至2024年第三季度,厦门外代国运承揽并签发了1612票、总计17721标准箱的多式联运"一单制"提单,主要出口市场覆盖东南亚、韩国等多个国家和地区。

(三)积极推广应用多式联运"一单制"提单。厦门外代国运积极推进多式联运"一单制"市场培育工作,引导客户选择多式联运"一单制"物流服务。以某汽车货主企业南昌—厦门港出海运输为例,厦门外代国运通过与南昌铁路局、船公司、货主公司、装卸公司和拖车公司等多方主体沟通洽谈,设计多式联运"一单制"服务方案。一方面,货物从南昌向塘站发出后即缮制多式联运"一单制"提单,该货主企业收到"一单制"提单后,第一时间前往银行进行交单,确保贸易资金的安全。另一方面,厦门外代国运发挥多式联运经营人角色,通过打通多式联运链条,从火车装车至货物进入厦门港,全程运输时间压缩至36小时,其运输时效与公路运输相当,推动货物"公转铁",充分展现了多式联运"一单制"提单体系的效率优势。

二、经验启示

(一)充分发挥区位优势。厦门外代国运结合厦门经济特区开放先导优势和国际枢纽港的内外联通作用,以各网点为货源拓展支点,整合现有优势航线,形成"联运枢纽+物流通道+服务网络"的海铁联运发展组合拳,为福建沿海港口海铁联运发展注入新动能,降低海铁联运物流成本、提高物流效率。

(二)强化港口与铁路联动协作。厦门外代国运强化港口与铁路紧密协作、互为支撑,共同探索海铁联运无缝衔接机制,共同促进海铁联运过程单证交接无纸化、物流信息传递便利化,海铁联运服务质量进一步提升,持续推动集装箱内陆"公转铁"运输。

(三)推动信息资源互联共享。多式联运"一单制"涉及环节多、链条长、市场主体多,信息资源难以实现互联共享,需要各市场主体强化业务联动和工作协作,整合各自优势,形成利益共同体,厦门外代国运通过构建"一单制"信息系统,建立数据资源共享机制,打通信息共享交换通道,推动企业间信息互联共享,实现多方合作共赢。

案例22:连云港港口集团积极拓展"一单制" 服务功能 创新推广CCA模式的 "一单制"

连云港港口集团汇聚港口、铁路、船公司、堆场等各方业务资源,打造"一次委托、一口报价、一单通办、一票结算"的多式联运"一单制"综合物流信息平台,提供一站式多式联运综合物流信息服务;积极开拓以CCA模式(跨域认证)为主的"一单制"业务,实现海铁联运"通江达海",助力物畅其流;创新推出内外贸"铁路箱下水"服务模式,优化班列运行计划,提高"一单制"通道运输效率,2024年上半年铁路箱下水模式发送1358标准箱。

一、主要做法及成效

(一)推进多式联运信息互联共享。连云港港口集团积极建设"一单制"综合物流信息平台,规范业务流程,提升服务水平。平台实现了订单管理与商务结算、报价发布和联运单生成功能。与徐州内陆口岸建立信息通道,实现物流业务信息的互联共享,为两地客户提供订舱、订单、结算等全运输链条物流信息服务。推动徐州陆港和连云港海港开放平台共建,促进区域联动一体化通关,实现海关高水平开放监管。

(二)提升"一单制"通道运行质效。连云港港口集团与铁路、海丰集运密切合作,创新推出内外贸"铁路箱下水"服务模式。通过联合铁路运输部门优化班列运行计划,实现徐州至连云港班列入图运行,铁路运输及进港卸车时效(铁路站到港口的途中运行时间加上到达港口后的卸车时间)由30小时压缩至8小时,实现班列常态化稳定运行。依托徐州—连云港铁水联运通道,与中远海运、阳明海运、东方海外航运、达飞轮船、海丰集运等多家船公司签订铁路CCA协议,签发以徐州为起点经连云港出口的多式联运"一单制"运单,为出口企业提供"门到门""门到港"的全程物流运输服务。连云港港口集团通过创新服务模式、优化班列运行措施,有效提高了多式联运效率,降低了企业物流成本。2024年上半年,徐州—连云港铁水联运通道通过海铁联运CCA"一单制"模式,完成多式联运运量656标准箱。

(三)延伸拓展"一单制"服务功能。连云港港口集团积极整合口岸资源,推动内陆集装箱码头项目建设,推动连云港船公司在内陆设立还箱点,提供订舱、港口操作等一条龙服务。通过与马士基、俄远东、阳明等船公司合作,实现了部分海运空箱在徐州陆港、合肥陆港前置。与传统模式相比,空箱前置实现了内陆地区客户本地提箱,用箱周期充分延长,避免了超期风险,口岸将所需船公司箱源作计划性预留,从港内调空,减少外场短驳,进一步压缩空箱调运成本约15%。

二、经验启示

(一)加强组织领导。连云港港口集团成立由职能部门牵头、信息化建设和业务实操单位参与的项目团队,实行月度例会制度,持续跟踪"一单制"业务组织、平台功能应用、业务规则制定等工作,协调解决相关问题,为推进"一单制"发展提供有力支撑。

(二)强化数据资源整合。连云港港口集团以公共性、服务性、开放性、安全性、市场化为原则,汇聚港口、铁路、监管、船公司、堆场、陆港等各方业务资源,以一站式信息服务的方式提供涵盖多式联运物流过程的各项功能,以联运单的形式建立"单据归一、服务化一、流程合一、标准统一"的新型服务体系。

(三)向多式联运信息服务集成商转型。连云港港口集团基于多式联运"一单制"模式,利用公路、铁路、水路运输等信息互联互通的优势,向多式联运信息服务集成商转型,建立具备"公共性""中立性"的"一单制"物流信息平台,通过平台赋能与培育多式联运经营人,提升多式联运经营人货运组织与全程运输能力。

案例23:中国物流集团探索基于运单的多式联运 "一单制" 助力提升全程物流服务水平

中国物流集团充分发挥物流资源和网络优势,打造智慧多式联运平台M-TMS,推广多式联运电子运单和多式联运业务线上化,实现托运人一次委托、费用一次结算、货物一次保险、多式联运经营人全程负责的"一单制"服务模式;通过设计多式联运"一单制"金融产品、制定行业标准规则,不断提升大宗货物多式联运"一单制"服务水平。2024年上半年,中国物流集团开通47条多式联运线路,完成多式联运"一单制"运输量14.8万吨。

一、主要做法及成效

(一)探索多式联运电子运单。中国物流集团将中储智运网络货运平台升级改造为智慧多式联运平台,参考借鉴国际海运提单、中国国际货运代理协会提单(CIFA提单),以及各类运输主要运单信息,设计推出了符合公司业务实际的多式联运电子运单(图23-1),积极推广多式联运电子运单和多式联运业务线上化。

(二)创新设计多式联运"一单制"金融产品。中国物流集团依托仓、运、贸一体化业务场景,赋予多式联运运单物权属性,支持单据录入、监测、交易、注销功能。与银行、保险等金融机构合作,在实际应用中发挥运单金融属性,建立了物权凭证单据体系,设计多式联运及班列"一单制"保险产品,推出货物险、物流责任险、多式联运经营人责任险等多式联运险种,保障提单签发主体权益,实现"一次保险、全程负责"。

中国物流 China Logistics

扫一扫查看电子面单

中储智运多式联运电子运单

运单号 B/L No:

CL24110817474B0161

	托运人信息 Shipper Info	承运人信息 Carrier Info
托运人 Shipper		承运公司 Carrier
托运人地址 Shipper's Address		承运公司地址 Carrier Address
托运人联系人 Shipper's Contact		经办人 Agent
托运人联系方式 Shipper's Contact No		经办人联系电话 Agent's Contact No
托运人下单时间 Order placement time		

头程物流 First Stage Logistics	二程物流 Second Stage Logistics	尾程物流 Terminal Logistics
启运地 Transportation	启运地 Transportation	启运地 Transportation
装货完成时间 Loading Completion Time	装货完成时间 Loading Completion Time	装货完成时间 Loading Completion Time
到达地 Destination	到达地 Destination	到达地 Destination
卸货完成时间 Unloading Completion Time	卸货完成时间 Unloading Completion Time	卸货完成时间 Unloading Completion Time
承运商 Carrier	承运商 Carrier	承运商 Carrier
运输方式 Transportation	运输方式 Transportation	运输方式 Transportation
运输工具牌号 Vehicle License No	运输工具牌号 Vehicle License No	运输工具牌号 Vehicle License No

以下内容省略,清晰完整版可扫描二维码查看。

图23-1 多式联运电子运单

（三）推动完善行业标准规则。中国物流集团持续推动多式联运信息互通、规则联通、运输畅通、要素融通，积极参与行业协会组织的多式联运标准规范制修订工作，深度参与了《多式联运"一单制"数据交换系统功能要求》团体标准的制定。通过制定跨行业物流数据交换标准，打破不同行业及运输方式间数据壁垒，推动多式联运"一单制"发展，为未来国家标准的制定奠定了基础。

二、经验启示

（一）创新数智化共享平台。中国物流集团推进不同运输方式信息数据集成整合，打造智慧多式联运平台M-TMS，通过登录一个业务系统、填报一次运单数据，完成相关多式联运业务办理，实现客户一站式下单、业务集成化处理、单证信息自动流转、货物信息全程追溯；推动平台与95306铁路货运平台的信息互联共享，不断提升大宗货物多式联运"一单制"运作效率。

（二）丰富一体化服务产品。中国物流集团通过构建数字供应链平台实现综合服务"一体化"，为客户提供商贸、物流、金融等集成服务，构建物流指数、商品指数、信用分等各类数字产品，通过数据赋能企业生产经营决策，全面提升服务质量，助力企业提高运营效率；同时，通过优化供应商及资源储备、整合内部平台、提升联运在途可视化能力，以及推动AI技术应用等措施，进一步提升多式联运的服务水平，助力物流企业降低综合成本。

（三）打造标准化运作模式。中国物流集团不断优化智慧多式联运平台内贸公铁水运输业务、国际班列货运业务功能，引导物流园区、铁路专用线、港口等资源接入信息化平台内，通过构建公铁水空运输等数据标准接口，综合利用铁路、水运、公路、空运及国际物流供方资源，持续完善货物装载交接、安全管理、支付结算等交易规则，打造多式联运标准业务运作模式。

第五篇

畅通城乡末端物流网络

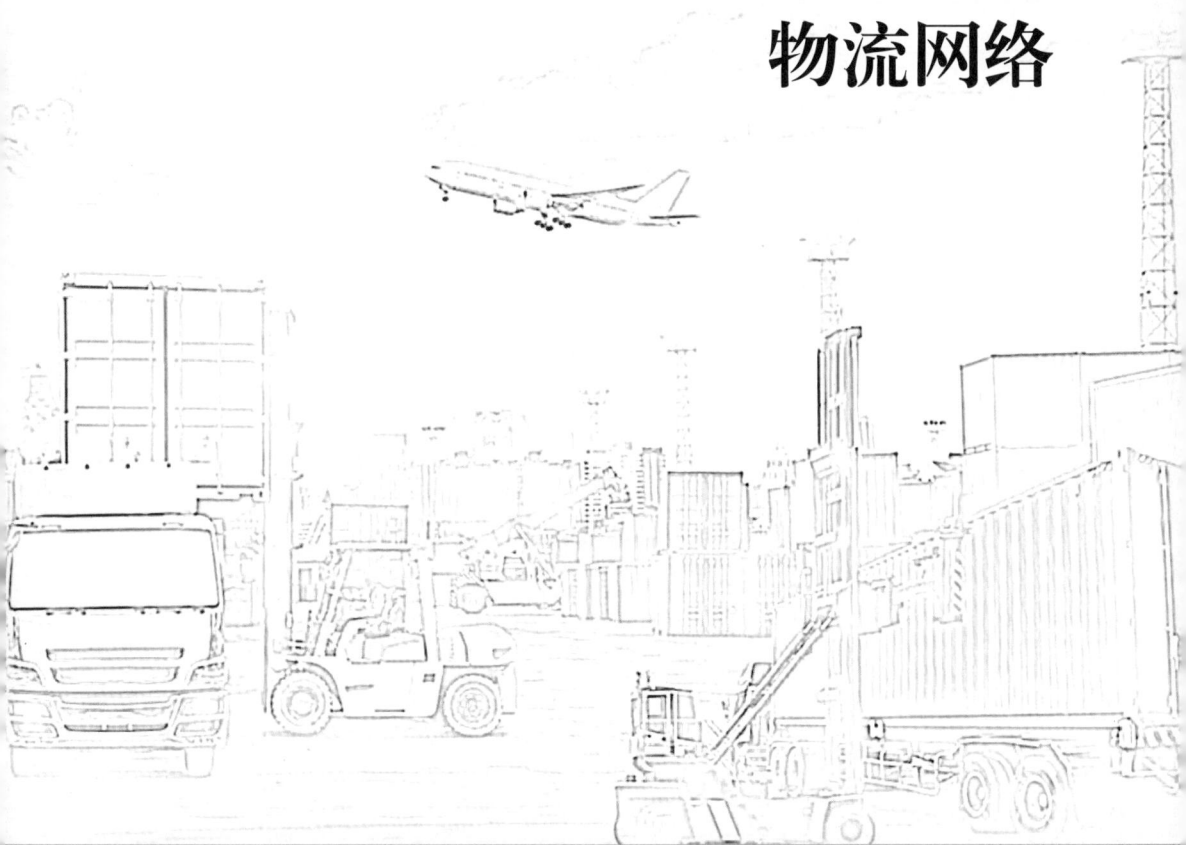

案例24:河南安阳推动新能源电动车全域覆盖促进城市配送绿色化转型升级

安阳市是城市绿色货运配送示范工程创建城市,近些年,以绿色货运配送示范创建工作为抓手,推动交通、公安、商务等部门协同配合,完善"政府主导、市场培育、部门推动"顶层设计,通过设置配送示范区+二次分拨区,建设"4+9+N"的城市配送三级节点网络、完善"200+1800"的停车与充电辅助设施体系、强化"16+1500"的运营主体与装备构建,形成了节点完备、组织有序、模式多样、信息畅达、低碳环保、特色鲜明的城市绿色货运配送体系,绿色货运配送的理念深入人心,提高了人民群众对城市配送的满意度和幸福感,初步探索出了中小城市绿色货运配送发展的"安阳模式"。

一、主要做法及成效

(一)强化体制机制保障,理顺工作机制。安阳出台《关于创建城市绿色货运配送示范工程的实施意见》,成立绿色货运配送示范工程领导小组,对创建工作实行统一领导和指导。对进入城市绿色货运配送示范区域内的燃油货车,明确和规范了通行证办理流程,将交通运输部门审核作为公安交警办理通行证的前置条件,由交通运输部门审核资质后,再由公安交警部门办理通行证,强化了部门协作、提高了管控效果。

(二)构建绿色配送基础体系,探索资源整合新模式。安阳按照"综合物流园区+城市配送中心+末端配送站点"发展模式,整合快递、零售、冷链等配送领域,建成"4+9+N"城市配送三级节点网络,逐步形成了绿色、集约、高效的货运配送体系。结合城市规模和市场需求,整合推进一、二级节点融合发展,即将分拨中心设置在物流园区内,实现货品就近转运和分拨,极大节省土地资源与分拨时间成本。

（三）推广应用新能源配送车辆，完善配套设施建设。安阳积极推广和应用新能源车辆（图24-1），保障新能源货车通行权，每年安排300万元专项资金用于新能源车运营补贴，新能源物流车由2019年的100辆增加到1458辆，持续完善"200+1800"的停车与充电辅助设施体系，新能源城市配送车辆+充电桩+专用停车位，基本实现了中心城区绿色配送全覆盖。据测算，累计减少油耗1110.22万升，减少碳排放29123.54吨，减少硫排放1007.02吨。同时，在市区主要商场、批发市场、连锁超市、末端配送点规划建设新能源货车专用停车位，可以有效解决停车和装卸货的问题。

图24-1 新能源配送车辆

（四）创新应用先进组织模式，有效提升配送效率。安阳市联动上下游供应链产业，形成一站式供应链服务，通过共同配送、夜间配送、集中配送等模式并存的配送方式，实现了上下游供应链的全产业有效联动。商超蔬菜、快递、副食品、商超配送车辆电动化率达到90%以上。企业物流费用占商品流通费用比率下降2个百分点以上，配送企业的平均配送成本降低15%。

二、经验启示

（一）加强通行管控，保障车辆路权。安阳市在中心城区设立了城市绿色货运配送示范区，加强对燃油货车的通行管控，加大新能源货车通行权。优化重型货车绕城线路,制定《安阳市重型货车交通组织专项方案》,划设重型货车禁止通行区域,构建低能耗、清洁化的二次分拨区。将交通部门审核作为公安交警办理通行证的前置条件,由交通运输部门审核资质后,再由公安交警部门办理通行证,相互配合监督,提高了管控效果。

(二)设立补贴激励,培育市场主体。安阳市交通运输局、工信局、商务局、财政局、公安局联合制定了《安阳市新能源货运车辆运营补贴专项资金管理办法》,设立专项资金,对年行驶里程超过6000公里的新能源货车进行单车不超过6000元运营补贴。

(三)运用平台监管,指引宏观调控。安阳市出台了《安阳市充电桩布点专项发展规划(2018—2035)》,并通过自有充电桩监管平台实现统一监管、实时查询。建成城市绿色货运配送信息平台,实现车辆动态监控、运营里程核算、三级节点和充电场站分布、政务信息发布等功能,提升了配送效率和服务水平。

案例25：苏州"苏式配送"塑造绿色高效城市货运配送服务体系 畅通末端微循环

苏州持续深入推进城市绿色货运配送，优化末端配送节点网络，建设多层次停靠装卸停车位，推广新能源运力，开发"苏州城市货运配送公共信息服务平台"，出台《苏州市绿色货运配送示范企业认定考核管理办法》等综合性政策，成功打造了"集约、高效、绿色、智能"的"苏式配送"服务体系。

一、主要做法及成效

（一）注重资源集约，统筹三级节点网络。苏州市整合现有场站设施，集聚优质物流资源，充分利用城市周边具有干支衔接功能，并承载共同配送的大型公共货运枢纽，以及城区内服务于城际货运和城市配送间高效转换的大型物流中心（图25-1）和物流园区，优化城市内末端共同配送节点网络，推动形成有机衔接、层次分明、功能清晰、协同配套的"8+20+200+"的"圈层式"城市绿色货运配送三级节点网络体系（图25-2），有效促进城市货运配送组织链条高效流转。

图25-1 一级节点：江苏（苏州）国际铁路物流中心

图25-2　三级节点：综合运输服务站、供销网点、商超、快递点等

（二）注重以人为本，发展多元配送模式。苏州市以个性化需求为导向，引导和鼓励城市货运配送组织模式创新，支持城市货运配送企业发展统一配送、集中配送、共同配送等先进配送模式（图25-3）。至创建期末，中心城区大型超市、卖场、连锁店等采用共同（夜间、集中）配送（图25-4）比例达85.4%。推动发展货运出租、冷链物流、社区物流等多元模式，促进物流降本增效，满足居民个性化物流配送需求。

图25-3　社区到家配送

图25-4　夜间配送

　　(三)注重多措并举,积极推广新能源车。苏州市制定出台《苏州市绿色货运配送车辆运营奖补办法》,针对示范企业新能源配送车辆,通过分车型精细化奖补办法,缩小与燃油配送车辆的综合成本差距,年均奖补总额逾千万元。截至2021年底,苏州市区共投入7000辆新能源城市配送车辆(图25-5)。实施差异化通行政策与多层次停靠设施,将14.2平方公里的苏州古城设立为绿色配送示范区(图25-6),结合绿色配送管控区,强化新能源配送车辆通行便利。设置50余处新能源配送车辆专用临时停靠装卸点(图25-7),结合道路公共停车位、4米以上宽度的非机动车道等多层次设施供给,着重解决城市配送车辆"停靠难、装卸难"问题。

图25-5　新能源配送车辆

图25-6　苏州古城绿色配送示范区

图25-7　临时停靠点

（四）注重科技创新，搭建公共信息平台。苏州市依托交通运行指挥中心（TOCC）开发建设"苏州城市货运配送公共信息服务平台"（图25-8），打破部门间数据孤岛，有效整合公安通行证管理、城管公共停车资源、工信社会充电桩信息、邮管电动三轮车数据、配送企业信息平台、新能源车辆主机厂数据等，实现各类信息资源的整合利用，推进城市货运配送全链条信息交互共享。目前，平台网页端和移动端均已上线，政策措施、三级节点、绩效考核等信息已实现接入。同时，平台还接入了苏州货的城市配送有限公司、苏州绿色货的有限公司等20家绿色货运配送示范企业、3000余辆城市配送车辆和全市683处充电场站及6068个充电桩等信息,显著提升了苏州城市货运配送信息化监管和个性化服务水平。

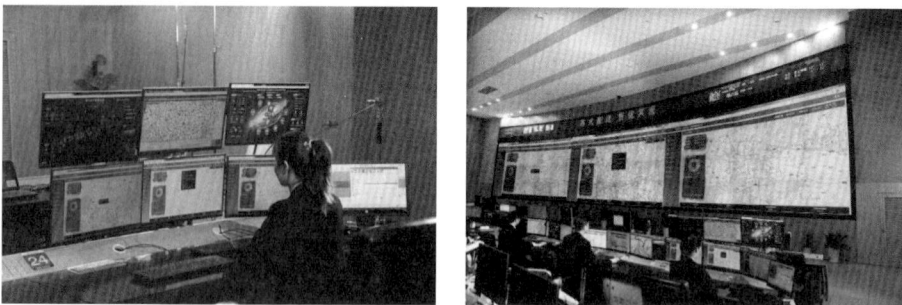

图25-8 苏州城市货运配送公共信息服务平台

二、经验启示

(一)突破区块通行限制,提升绿色优先效率。由于通行政策的属地化管理,目前绿色货运配送企业的市区通行证无法在各地区通用,跨区域作业的城市配送业务需提前申领部分地区的临时通行证。未来要进一步统筹协调与各个区、市的城市配送通行政策,重点探索苏州在差异化通行政策协同上的可行性和路径对策,突破区块通行限制,实现整个市域范围内的统一。

(二)制定发展指导意见,促进绿配高质量发展。依托城市绿色货运配送示范项目,以点带面,推动苏州在绿色货运配送示范城市创建后期相关工作,通过广泛调研,学习借鉴先进经验,研究制定城市绿色货运配送发展指导意见,不断调整、完善新能源车辆运营补贴以及城市绿色货运配送示范企业的考核认定与通行政策,为节能减排、物流降本增效打下坚实基础。

(三)丰富配送组织模式,鼓励多业态融合发展。积极推广共同配送、冷链配送、社区物流等模式,整合货运出租车运力,提供一站式仓储配送服务,推进末端配送集约化创新,利用智能快件箱、快递综合超市等载体,为社区提供集散服务;发展大件物流、众包物流、网络货运平台、城市云仓、商超物流、即时配送等多元化业态,有力提升物流配送效率。

案例26：浙江宁海深化客货邮融合　健全县乡村农村物流服务体系

浙江宁海地处我国经济最繁荣最具活力的长三角南翼,北濒象山港,南临三门湾,是"山中有城、城中有山、山连着水、城靠着海"的山海绿城。为破解农村物流成本高、末端网点可持续性差、农特产品销售难等问题,宁海县对标缩小城乡差距的改革跑道,持续深化客货邮融合发展,全力打造"集士驿站"服务品牌,充分发挥物流"促富"的纽带桥梁作用,深化农村物流集成改革,形成客货邮融合"一张网"、数字智管"一应用",集士驿站"一品牌"的标志性成果,推动实现快递进村、农货进城、就业富民。目前,已建成1个县级共配中心、11个乡镇综合服务站、128个集士驿站,实现县乡村三级物流节点网络全覆盖。通过集士驿站成功推动了农特产业、旅游产业等多业联动发展,加速数字赋能乡村经济的进程,累计助力农产品销售超过1亿元。

一、主要做法及成效

(一)优化顶层设计,面上"一盘棋"。宁海县委县政府高度重视农村客货邮发展,设立宁波首个县级邮政管理局,实现交通和邮管合署办公,同时印发《关于高水平打造宁海县集士驿站富民提升工程的实施意见(2023—2025年)》,成立由县长任组长的宁海县集士驿站富民工程领导小组,负责统一指挥,协调全县客货邮融合发展工作。科学制定资金保障和考核机制,实施集士驿站建设的配套政策,将公交邮路、快递进村和集士驿站运营纳入政策补助,并将集士驿站发展纳入各乡镇(街道)年度目标考核任务。

(二)强化运力整合,线上"一张网"。针对农村物流末端成本高难题,专门成立宁海县集士驿站科技有限公司,联合邮政公司、民营快递企业和公交企业打造农村物流服务新体系。同时还首创"公交邮路"(图26-1)和"公交邮箱",定制63辆全国首批客货邮公交车,充分利用城乡公交"村村必达"的优势和公交富余运力实现快递进村,打通城乡物流"最后一公里"。截至2023年底,已开通公交邮路20条,公交带货446.5万件,快递进村率由2020年的55%提升至2023年的100%,降低农村物流成本20%以上。

图26-1　宁海"公交邮路"

　　(三)深化驿站功能,点上"多功能"。聚焦农村物流站点经营可持续性差问题,优选集士驿站站长,并结合区位交通、文旅、产业、人口和快递量五个维度数据来科学推进驿站布点。持续完善物流寄递、金融保险、代销代购和政务服务等现有功能,拓展农技服务、文化服务、农村宴席、网上招聘、网上购药、法律服务、贷款受理和金融宣传等驿站服务功能,深化"快递物流服务中心""乡村便民服务中心""农特产品代购代销中心"和"农村创新创业中心"的"四中心"体系建设,实现驿站"一站多能"(图26-2)。截至2023年底,开展便民服务20万件,培育年收入10万元以上的站长20名。

图26-2　集士驿站"一站多能"

（四）线上+线下，供应链"一站式"。针对农产品销售难问题，成立集士驿站电商运营中心，优化集士驿站线上商城（图26-3），汇聚宁海珍鲜、本地知名商贸企业、文旅企业等产品，完善"买宁海、卖宁海"服务链条。结合村庄和站场特色培育"一村一品"，打造集士驿站农产品品牌矩阵，专门推出"逛集士驿站、享宁海农特"板块，让每个乡村集士驿站拥有自己的专属电商频道，初步形成了葛家驿站手工艺品、弘杨驿站竹制品、南庄驿站虾干、西翁驿站麻糍、竹林驿站年糕等一批特色项目，进一步激发农村物流需求，建设"电子商务+特色产业+物流运输"的供应链一站式服务体系。同时积极探索文化旅游与集士驿站深度融合，优选布局一批邻近旅游景点的集士驿站，实现集士驿站与徐霞客开游节等活动联动，持续为集士驿站招引客流。2023年以来相继参加了宁海县"春节年货展销会"、首届宁海县互联网春节联欢晚会、胡陈桃花节、长街蛏子节、中东欧商品文化节等活动，其中在中东欧商品文化节活动累计交易流水6000多单，实现营收79.63万元，吸引客流量1.1万人次。

图26-3　集士驿站线上商城

（五）数字赋能，服务管理"智慧化"。围绕"快递进村""物流促富"总目标，积极推进城乡客货邮应用开发与升级，打造物流布点、物流链路、物流促富和物流智管四大子场景。围绕服务端，升级开发好物流、好买卖、好出行和好服务四大热门服务，增设集士驿站共富直通车和站长帮帮团业务。围绕治理端，统筹设计物流布点分析、物流链路分析、驿站农产品展示、公交与驿站安全监管等功能模块，为集士驿站发展等决策提供参考。

（六）扩大农村物流合作主体效益，提升村民生活品质。宁海农村快递业务量年均增长30%，农村电商销售额年均增长近20%，实现农民、快递物流企业、公交公司、电商平台等多方主体互利共赢。农户足不出村即可享受快递寄取、农产品代销、政务服务等"一站式"综合服务，缩小城乡公共服务差距。偏远农村村民收发快递由原来平均耗时半个月缩短至12小时以内。

（七）助推农村经济发展变革，带动农品销售促富。"集士驿站"模式实现了五大"集"：聚焦农村"集"政策、末端共配"集"快递、智力助农"集"人才、惠农惠民"集"服务、挖掘特色"集"农品，正在改变农民的生产、销售方式，助力农村经济质量变革、效率变革、动力变革。目前"集士驿站"平台已实现助农就业1800名以上。

二、经验启示

（一）充分发挥"统"的作用，凝聚工作合力。宁海县委县政府抓统筹，强化党建引领、系统思维、整体谋划、政策保障，有效避免部门各自为战、力量分散问题，形成多跨协同、一体推进工作合力。

（二）充分发挥"融"的作用，增强推进动力。通过"微改造、精提升"途径，结合乡村产业、农村电商等现有业态，有效盘活公路服务站、农村小店、农商行丰收驿站等存量资源，因地制宜规范集士驿站建设，通过资源整合健全县乡村三级农村物流服务体系。

（三）充分发挥"育"的作用，激发主体活力。探索实施政策扶持运行机制，建立县级统筹、部门（乡镇）协作、村级联动、企业考评、驿站自营的规范管理运行体系，调动集士驿站主体积极性。

案例27：湖南汨罗创新"电商物流+一村一品"产业模式　畅通农村末端物流循环网络

湖南汨罗采用"部门协作、模式多元"的建设模式，融合客运站、物流站点、村委会、邮政代办点及商场、超市等现有网络节点，形成层级分明、功能完善的县乡村三级物流配送节点体系，创新"交通+物流邮政+直播电商+一村一品"模式，利用公交车辆捎带货物和邮件快件，有效打通工业品下乡"最后一公里"和农产品进城"最初一公里"，突破乡村振兴的农村末端物流瓶颈，有力助推农村产业振兴。湖南汨罗"客货邮融合+电商物流+一村一品"成功入选全国第四批农村物流服务品牌，全国农村电商与快递协同发展示范区创建名单，央视《新闻调查》栏目45分钟专题解读（图27-1），《人民日报》《中国交通报》以及央视《朝闻天下》栏目重点报道（图27-2）。

图27-1　央视《新闻调查》栏目重点报道

图 27-2 《人民日报》专题刊发

一、主要做法及成效

（一）强化顶层谋划，统筹行业发展。按照"政府引导、市场主导，多方协同、分步推进"的总体思路，成立由市委书记任顾问的工作专班，统筹交通、邮政、发改、农业农村、乡村振兴、商务粮食等部门力量，联动推进；出台《汨罗市、镇、村三级物流配送体系建设规划》《汨罗市农村客货邮融合专项发展规划》《汨罗市农村客货邮融合发展协同产业振兴三年（2023—2025 年）行动实施方案》，从长远规划和当前实施指导各项工作有序推进；成立市农村客货邮融合发展服务中心，加强组织管理、实时监测、动态分析、统筹协调，将客货邮融合工作纳入深改重点事项和攻坚任务，与年度综合绩效评价考核挂钩，重点督查督办；出台涵盖财政、土地、税费、用地、技术更新、人才培养等方面的地方配套政策及优惠措施,形成良好的市场发展环境和政策支撑保障体系。

(二)整合多方力量,实现共配共运。引进物流龙头企业,整合中通、圆通、申通、韵达、极兔等社会快递企业县级经营权,进驻电商物流园,实现共仓共配(图27-3);引导邮政汨罗分公司、市属国有客运企业、物流快递企业建立客货邮融合发展联盟,将"各自为政"融为"俱为一体";以客运线路和车辆为载体,开通30条共配运营线路,开通30条货运专线,实现公交运行和物流配送"两网融合",形成以公交带运为主、货运专送为辅、邮车应急为补的同线同行配送体系。

图27-3 汨罗市客货邮融合发展运营中心

(三)创建枢纽中心,减少物流环节。汨罗市摒弃镇级中转分拨模式,采用镇级站点专车直达,村级站点"客运+邮车"直达模式,将物流配送体系由三级变为二级(图27-4),最大程度减少中间流通环节。依托市客运总站建成农村交邮融合发展运营中心,与电商物流园等场站设施构成集统一揽收、智能分拣、冷链仓储、信息调度等于一体的核心枢纽体系;整合镇村邮政、供销、快递网点、商店超市等各类站点,在所有行政村选点建设服务站点163个,所有站点统一编号、统一招牌、统一设备、统一布置、统一考评。自主研发的信息调度系统,与公交运行系统、智能分拣系统联通,形成车、货、站点信息一体化,实现快递包裹全程可追溯。目前,客运车辆日均捎带邮件达1.2万件,月均34.68万件,相比运营之初日均增长近300%,且呈逐年增长之势。

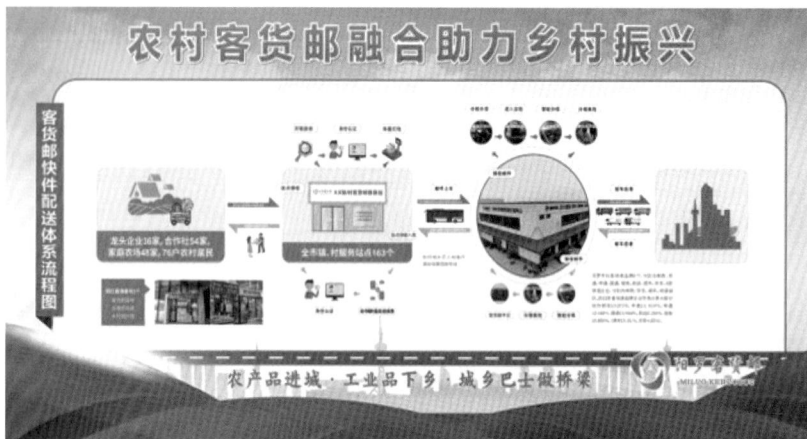

图27-4　汨罗市客货邮快件配送体系图

(四)降低运营成本,提升集约效益。按照"独立仓储、客货分离"要求,改造、购置63台新能源纯电动车,公交运行和物流配送"两网融合",邮政分公司运输车辆日均少跑320公里,每月节省开支近7万元,节能减排成效明显;邮政分公司和物流、快递企业在实现共配共运后成本明显下降,日均分拣8万余单,分拣成本每单节约0.05元,节约成本每月近12万元;客运企业充分利用剩余运力资源日均捎带邮件达1.2万件,月均增收7.2万元;镇村服务站点经营者派送1单可获0.4元,寄1单可获寄递费的20%提成,月均增收近1500元,实现了多方共赢。运用客货邮系统服务,百姓取件费用免费,寄件费用大幅度下降,邮件快件寄递更加优惠。农产品通过"两网融合"体系上行累计增加销售产值5000万元,为农民创收近800万元。

(五)发展"电商快车",培育"一村一品"。编制产业地图,按照空白村、孵化村、成熟村、爆款村,培育壮大"一镇一特、一村一品";大力培育电商直播、社交、短视频、图文等电子商务新业态新模式,全力打造直播电商产业聚集区,在市电商物流园设立直播区,各镇均设立电商直播中心,扶持一批具有示范带动作用的企业,孵化一批直播电商网红品牌,培育一批直播带货网红达人;加快培育汨罗皮粉等地理标志品牌,结合现有汨罗粽子、长乐甜酒等地标产品,提升地标产品产业化集聚效应,通过汨罗农村助农电商平台,带动农特产品"走红出圈",不断带动特色农产品开发上行;

同时,设立专项奖励资金,对乡村物流服务站点按揽件量实行500~3000元的一次性业务激励政策,对企业按客货邮渠道上行产品总量实行最高3万元的产品激励政策,对电商直播人员按带货销售额实行最高2万元的销售激励政策,实现物流运输与产业发展互促互进。

二、经验启示

(一)深度融合是可持续发展的基本。客货邮融合不仅是站场站点、客货运力、快递企业、电商物流之间的线性融合,还是多领域全链条的融合。多元同频共振、协调融合,更能整合资源、激活市场、释放效益,特别是末端站点汇集多方辐射,正逐步成为"便民惠民中心、电商物流节点、网红直播平台""三合一"载体。

(二)技术创新实现可视化监管与绿色配送。创新性开发农村物流信息平台,实现了县乡村三级寄递物流体系的人、车、货全面可视化监控,提高了物流监管的效率和准确性;自主开发汨罗农村客货邮助农电商平台,为本土特色农产品电商提供免费线上店铺,畅通农产品上行渠道;引入智能化技术,通过与邮政、快递信息平台对接互联,实现了数据共享,为物流运营提供了实时的货源追踪和业务指导。

(三)产业融合驱动发展。电商产业与交通物流融合,通过物流渠道的畅通,推动了电商的发展,带动了当地特色产品的销售和品牌建设;农业与旅游业、交通物流融合,推进"农村公路+旅游""农村公路+产业"的建设,支撑乡村振兴、交通运输一体化发展。

(四)部门联动,利益共享,确保县乡村三级物流服务体系可持续发展。成立以市委书记任组长的领导小组,定编定人,及时协调解决工作推动中的问题。合理设置利益分配指标和权重,切实保障参与市场主体利益,促进良性发展,实现可持续发展。

案例28：江西永修创新"客货邮融合+统仓 共配+电商物流"模式 构建全域 覆盖的农村物流服务体系

江西永修依托完善的镇村客运网络和已建成的"1+18+N"县乡村三级物流体系，发展"客货同网、集中分拣、统仓共配"的服务模式，有效拓宽了"农产品进城、工业品下乡"的渠道，助力乡村振兴。

一、主要做法及成效

（一）推进设施融合，完善县乡村三级农村物流节点体系。永修升级改造县级客运站，拓展物流服务功能，将其打造为集客运、物流功能于一体的农村客运物流集散中心（图28-1、图28-2）。利用乡镇客运站点及乡级邮政所等现有场站，在18个乡镇交通便利处设置综合运输服务站。依托超市、便利店、农村供销合作社、农产品购销代办站等设置村级物流服务点，基本覆盖全县145个行政村，并为36个偏远村村级服务点配备了面单机等自助邮寄设备，初步形成了"1+18+N"县乡村物流节点体系，实现"县城有分拣、乡镇有网点、村村通快递"，打通农村物流"最先一公里"和"最后一公里"。

图28-1　永修县物流快递分拣配送中心

图28-2　永修县物流快递分拣配送中心货运车辆

　　(二)整合运力资源,提供集约高效农村物流服务。依托镇村公交"村村通"的优势,以镇村公交为配送主体,发展客货同网,创新推行"快递坐公交"(图28-3),实现快件由镇村车辆代运,将快递"低成本、高效率"运送至村级服务点。同时,对部分农村物流服务需求较大的乡镇,采用"镇村公交+专用物流车"相结合的运输方式。截至2024年5月底,永修投入新能源公交车35辆、物流快递专用车5辆,开通12条客货融合线路,通过镇村公交及专用物流车代运下行邮件、快递约63万件,上行农产品约4万件以上。

图28-3　永修镇村公交运输快递邮包

　　(三)创新服务模式,实现货物集中分拣统一配送。永修充分整合邮政、顺丰、京东、"三通"等多家物流快递企业,构建"集中分拣、统仓共配"的农村物流配送体系(图28-4、图28-5)。日分拣邮件快递量约占全县邮件快递总量的80%,农村物流下行快递单件运送成本由原来的0.5元左右下降到0.3元,上行快递单件运送成本由原来的1元下降到0.5~0.6元,全年节约快递物流成本200余万元。

图28-4 "集中分拣、统仓共配"物流配送体系

图28-5 "集中分拣、统仓共配"物流配送实操

(四)完善电商服务,加快农村商品双向流动。永修构建农村电商物流服务体系,突破农产品交易时空限制,不断拓宽香米、蜜橘、白茶、云居山茶等特色农产品销售渠道(图28-6),打通农产品上行物流通道,进一步激发农民发展种植业和养殖业

的积极性。同时,逐步完善的农村电商物流服务体系为农村居民畅通网购渠道,提升了农村居民的生活质量和幸福指数。

图28-6 马口镇电商物流服务站

二、经验启示

(一)构建多层次、全覆盖的农村物流节点网络体系。永修充分利用现有客货运、邮政、商业等场站资源,实现场站共建共用、多站合一,成功打造以县级物流集散中心为核心,乡镇综合运输服务站为枢纽,村级物流服务点为触角的县乡村三级物流节点网络体系,能够保障农村物流服务的深度和广度,有效解决农村物流"最先一公里"和"最后一公里"难题。

(二)推动物流资源高效集约利用。永修积极探索"客货同网""公交带货"等物流服务模式,充分利用镇村公交等富余运力资源,构建"集中分拣、统仓共配"的农村物流配送体系,实现物流资源的集约高效利用,进一步增强农村物流的灵活性和自适应性,大幅降低物流成本。

(三)"交邮商"融合发展。永修完善农村电商物流服务体系,拓宽农产品销售渠道,通过推动交通运输与邮政、农村电商深度融合,打通农村商品上下行双向流通渠道,助力农村物流降本提质增效。同时,丰富农村市场供给,提升农村居民生活品质,为乡村振兴注入新动力。

案例29:吉林公主岭创新打造"七站合一"节点 畅通农村物流"最后一公里"

吉林公主岭以构建市(县)、乡、村三级物流服务网络为抓手,创建了"连锁超市+农村电商+物流配送+收发快递+金融保险+检车服务+客运服务"即"七站合一、一站多能"的农村物流运营方式,解决了农村物流"最后一公里"问题。

一、主要做法及成效

(一)整合客货运资源,加快建设农村物流配送网络体系。公主岭整合客运班线、零担、快递等客货运力,统筹京东、多多买菜、申通、圆通、韵达、中通、百世、顺丰、极兔、邮政快递等货源,为镇、村提供货物收取、安检、包装、转运等物流服务(图29-1)。目前,公主岭已建立覆盖全市(县)24个乡镇400个村屯的"市(县)、乡镇、行政村"三级农村物流配送网络体系,成功实现客运车辆8小时内送达快递包裹,基本建成城乡交通物流一体化的物流配送服务体系。

图29-1 农村物流转运服务

(二)"七站合一、一站多能",创新线上线下相结合的销售配送模式。公主岭促进乡村超市转型升级,与京东合作,建立公主岭京东吉客物流超市(图29-2),创新"连锁超市+农村电商+物流配送+收发快递+金融保险+检车服务+客运服务"即"七站合一、一站多能"的电商物流连锁经营O2O模式,打通农村线下实体超市、线上网络大卖场的上下行销售及配送服务(图29-3),平均每件快递成本下降0.4元。

图29-2　公主岭京东吉客物流超市

图29-3　公主岭京东吉客物流超市客运服务

(三)改造运营中心,完善农村电商服务体系。公主岭在农村地区推广应用电子商务,升级改造现有电子商务公共服务运营中心,增设市域特色农产品展示区、培训电教室、创业孵化培训区等,便于域内特色农产品企业对接淘宝、京东、公主岭电子商务云平台等大型电商平台,加速传统企业转型升级。目前公主岭已建成24个乡镇电商服务站、64个村级电商服务点(含17个贫困村),升级改造400个村级农村电商服务站,超过80%服务站支持农产品线上销售。

(四)强化培训质量,加强农村电商物流人才储备。公主岭强化农村电商物流培训体系,聚焦培训质量与实效,聘请有资质的培训企业及专业培训讲师,精准定位机关干部、村干部、新型农业主体、服务站负责人、返乡农民工、待业青年、退伍军人等培训对象,推行"分级培训、分类培训"模式,培训内容主要以网购网销技巧、网店运营管理、农业信息化支撑服务及跨平台营销策略等电商实操为核心,辅以美工设计、品牌创意、店铺运营优化、短视频营销与直播带货等前沿技能,全面提升培训对象对农产品营销的能力,从而有效挖掘并培育地方特色农产品市场潜力。公主岭市的鲜食玉米、土鸡蛋、黑野猪肉、土鸡等特优农产品已通过农村电商发售到全国各地,成为当地农民增收致富新渠道。

二、经验启示

(一)资源整合是构建农村物流配送网络体系的关键。公主岭市整合客货运力、线路,统筹货运物流货源、"一站多能"节点资源,建立了覆盖全市的农村物流配送网络体系。通过合理调配和优化各类资源,显著提高农村物流配送效率,降低综合物流成本,为农村地区提供更加经济、便捷、快速的物流服务。

(二)促进电商物流融合发展。公主岭市创新O2O模式,积极与电商平台合作,拓展了快递、电商、金融、保险、客运服务等功能,打造了独特的"七站合一"电商物流超市连锁经营模式,既实现了线上线下的无缝对接,又促进了农村物流服务的多元化和便捷化。

(三)强化人才培养体系。公主岭市构建了覆盖广泛、针对性强的电商物流人才培训体系,培育出一批具备电商实操技能和农产品营销能力的专业人才,有效推动了地方特色农产品的市场拓展与品牌化发展。

第六篇

提升国际物流
服务质效

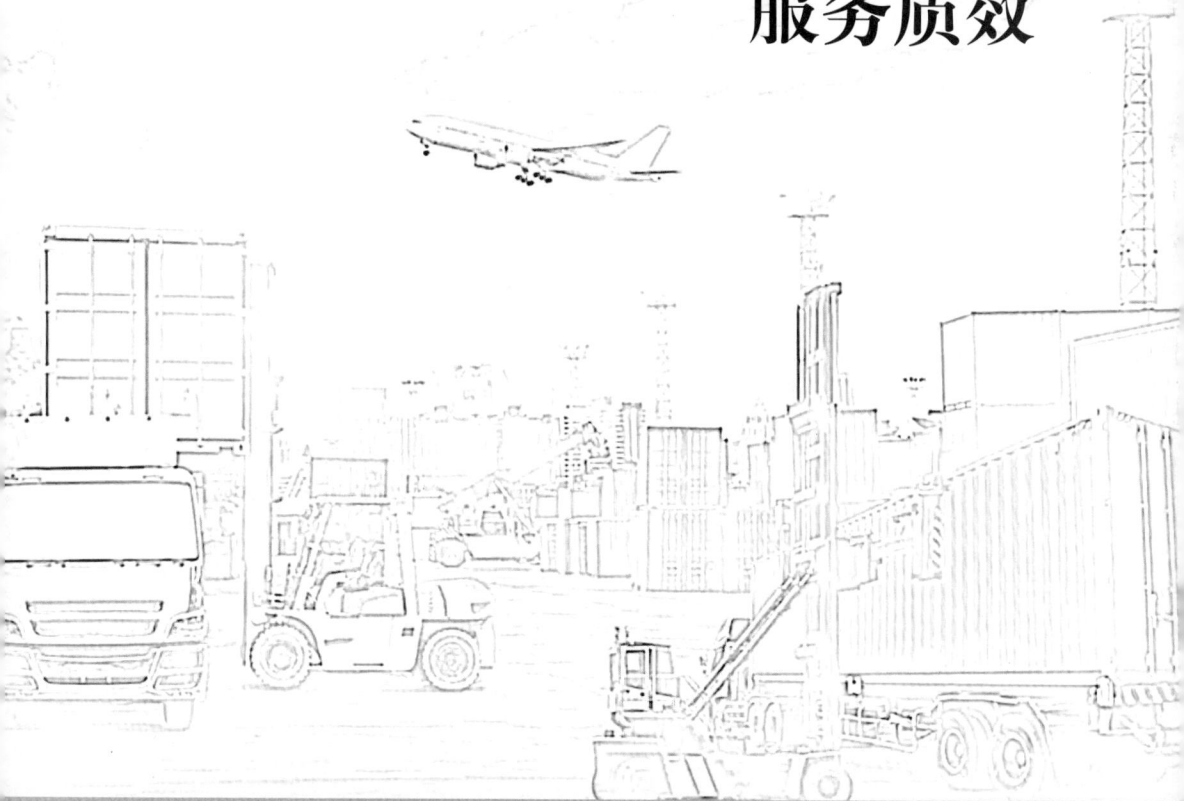

案例30：菜鸟数智赋能构建自主可控国际物流 网络 助力跨境电商贸易持续增长

菜鸟积极响应交通强国全球123快货物流圈发展战略，以跨境包裹运输为己任，扎根电商物流行业，构建了覆盖全球200多个国家和地区的智慧物流网络，通过在全球持续投资建设物流基础设施，利用数智化技术高效整合全链条物流资源，扎根海外深入建设本地物流服务能力等措施，形成了"全球5日达""一杯咖啡钱送全球"等特色产品和服务能力，为中小企业开展跨境贸易提供一体化端到端跨境快递解决方案。2023年，菜鸟跨境包裹运输总量超过15亿件，服务超过10万个商家及品牌、1.33亿跨境消费者。未来，菜鸟将凭借全球端到端网络及科技能力，进一步提升自主可控的国际物流供应链服务能力，为全球商家和消费者提供时效更快、成本更优、更绿色环保的服务，全力保障国际物流产业链供应链安全稳定，服务构建新发展格局。

一、主要做法及成效

（一）构建以重点枢纽为核心的骨干网络。菜鸟在欧洲、北美洲及东南亚地区建设和运营三大智慧物流枢纽（图30-1、图30-2），18个分拨中心、超过300万平方米跨境物流仓库、超过7000组境外自提柜。依托物流节点设施网络，菜鸟搭建了覆盖海陆空全方式的干线物流运输网络，全货机包机每周超过170架次，运输线路超过2700条，开通多班中欧班列，覆盖欧洲和中亚多个国家；合作海运线路500多条，覆盖全球300多个港口，与全球60多个港口建立智能清关对接。目前，菜鸟每天服务跨境包裹超过500万个，跨境物流运输由30~50天的平邮线路升级到20天内送达的航空直达线路，部分地区升级为10日达。

图 30-1　菜鸟比利时列日 eHub

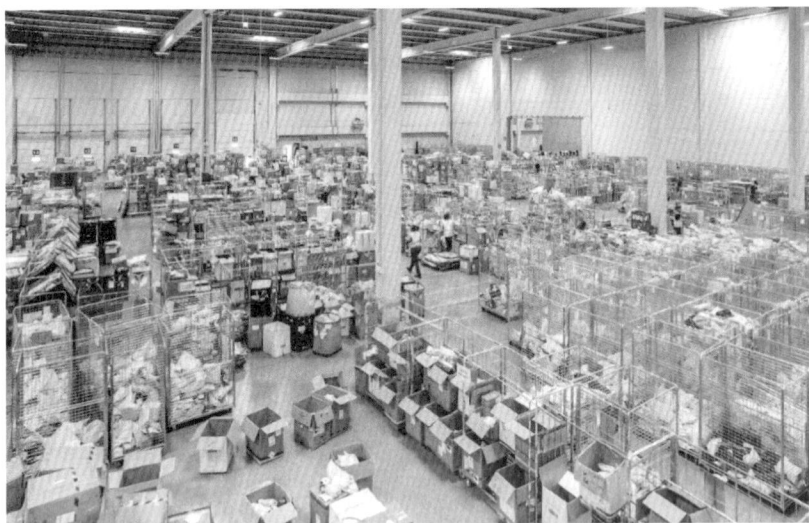

图 30-2　菜鸟美国海外仓

在菜鸟全球骨干物流网络中,全球智慧物流枢纽(eHub)发挥着重要作用。菜鸟目前在马来西亚吉隆坡、比利时列日、中国香港分别建成并运营有三大 eHub,作为铺设全球骨干物流网络的支点,成为菜鸟布局海外的高端物流枢纽设施,辐射影响目的国及所在区域。其中吉隆坡 eHub 是菜鸟首个海外投资建设的物流枢纽,位于吉隆坡机场自贸区,建筑面积 11 万平方米,有效服务了中国包裹在东南亚地区的流转。列日 eHub 一期占地 3 万平方米,已经成为菜鸟在欧洲的核心枢纽,年处理空运包裹 20 万吨。列日 eHub 投用以来使物流时效平均提升 8~12 小时,有效提升中国跨境电商平台在欧洲的服务水平。香港eHub于2024年初正式投用,总建筑面积为38万平方米,不仅服务于大湾区跨境电商快速发展,下一步将成为菜鸟在亚太地区的物流枢纽核心。

(二)"全球5日达"产品创新推动跨境电商高质量发展。菜鸟通过有效整合全球物流基础设施资源,优化升级推出了"全球5日达"服务,即国内商家将商品存储于就近口岸菜鸟优选仓,国外消费者在跨境电商平台下单后,5日内即可收到。目前"全球5日达"已覆盖10余个国家和地区,助力跨境电商贸易订单上涨约40%。

长期以来,跨境电商包裹在跨境运输物流过程中要面对漫长的运输时间和高昂的物流成本,不但影响着海外消费者的购物体验,也束缚着国内跨境电商平台在全球市场快速发展。在菜鸟之前,国际快递只有两种选择,一是选择使用万国邮联体系,价格低但物流速度慢且全程不可视,或是使用国际商业快递,速度快,但价格高昂。为解决这一痛点,菜鸟在2017年推出了针对跨境电商的国际快递创新产品"5美金10日达",让国内跨境中小商家实现了"一杯咖啡钱送全球"。在交通强国全球123快货物流圈发展战略指引下,菜鸟精益求精,经过6年多的运营积累、投资建设和技术创新,于2023年推出升级后的新产品"全球5日达"。产品创新背后,是菜鸟正在加速构建跨境物流端到端的综合能力。通过不断加强全球基础设施建设,持续开展精细化运营,将物流技术广泛应用于跨境物流全链路等措施,从全链路各维度提升效率,菜鸟为跨境商家提供了兼具时效与极致性价比的物流解决方案,让跨境电商物流体验快速向类国内物流体验趋近,帮助商家提升复购率。

(三)数智化技术赋能全球供应链降本增效。菜鸟将数智化技术广泛应用于跨境物流全链条各环节,利用技术赋能跨境物流降本增效。在智能硬件方面,菜鸟研发无线射频识别技术方案(RFID),在物流作业中的盘点、入库交接、全链路追踪等环节广泛应用,大幅提升盘点出入库效率,同时作为跨境货物的"电子身份证",可实现跨境包裹全程可视化。在智能系统方面,菜鸟在跨境物流全链路应用数智化系统,使通关速度、跨境包裹分拨等方面效率大大提升。例如地址解析技术将包裹分拨环节由2~3次缩短为1次,智能清关系统可实现"秒级"申报,海外分拨系统(GXMS),能够实现跨境包裹分拨效率翻倍。在人工智能方面,智能合单引擎通过大数据算法,精准识别同一海外消费者在平台不同店铺的订单包裹,将多个订单打包为一个包裹后配送,降低跨境物流成本15%~20%。菜鸟自研的物流大模型,在跨境快递场景中为各环节的仓库工人、合作伙伴、调度中心、客服中心生成供应链各环节的科学指引与决策,大幅提升作业准确度和效率。在自动化设备方面,菜鸟在航空货站、海外分拨中心的中转枢纽中广泛应用AGV机器人、自动化分拣带、无人叉车、数字通关等技术,让重点国家端到端物流从60天缩短到10天,降低包裹分拣成本近50%。

(四)智慧物流服务制造业提升出海竞争力。菜鸟与新能源汽车零部件制造企业合作建设自动化工厂,通过立库(托盘四向穿梭车库+料箱四向穿梭车库)、线边无人搬运机器人(AGV)实现新能源零配件自动分拣、智能传送,提高厂内物流时效和空间利用率(图30-3);构建数字供应链管理系统,利用大数据和人工智能的技术,为比亚迪欧洲公司提供供应链全程可视、异常告警、智能诊断、辅助决策、生产协同服务,实现供应链"零库存"精细化运营。依托覆盖全球的海运网络和海外本地化物流网络,为光伏企业提供从工厂到干线运输、海运、清关、海外本地仓配等全链路门到门跨境物流与工程服务。目前菜鸟已与通威集团、晶澳光伏多家头部光伏企业开展合作,为其打造高效流通、有竞争力的供应链闭环。

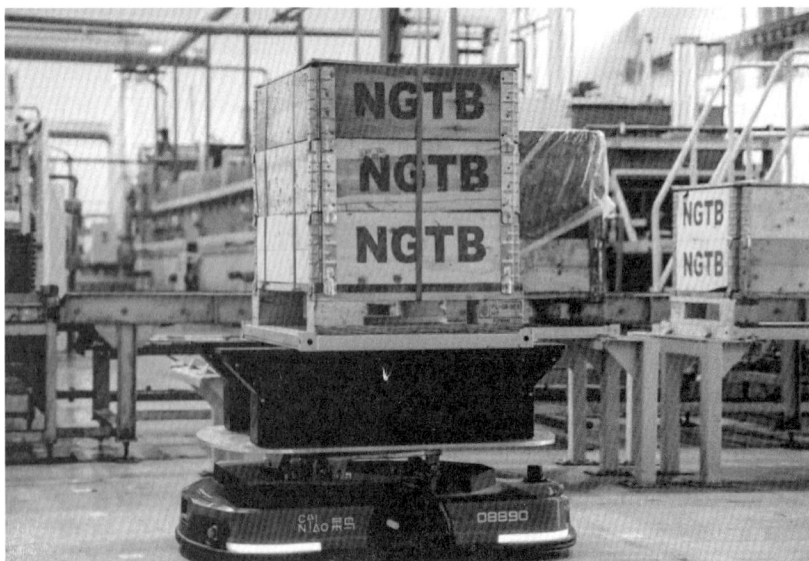

图30-3 菜鸟物流科技服务新能源汽车零部件制造企业

二、经验启示

(一)畅通国际干线物流网络。菜鸟持续在加密国际航空货运干线网络、拓展中欧班列及国际海运线路、建设智慧物流枢纽、海外仓及境外分拨中心等方面加大投资力度,构建自主可控的国际物流网络体系,为跨境寄递和供应链高效运转奠定坚实基础。

(二)提高境外地面物流能力。菜鸟持续加强境外地面服务能力建设,在西班牙、法国、波兰等国家建设自营末端配送网络,仓群、自动化分拨中心、配送站、自提柜等物流基础设施已在境外多个国家和城市交织成网,在南美、中东区域组建服务团队,构建了完善的境外本地物流网络,解决境外配送服务时效慢、成本高难题,提升跨境物流全链条掌控能力。

(三)推动数字技术与物流供应链深度融合。菜鸟紧贴物流供应链业务场景持续开展数字化技术创新和应用,通过智能合单等人工智能算法,仓储和分拨自动化,RFID(射频识别技术)等物联网智能硬件、数字供应链系统等产品和解决方案,赋能国际物流全链条各环节,推动国际物流网络数智化转型,帮助中国品牌出海实现物流供应链降本增效。

案例31：鄂州花湖机场创新航空货运模式 建设自主可控供应链物流服务体系

随着全球化贸易的不断深入，航空货运作为连接全球市场的重要纽带，其效率和安全性对经济发展至关重要。鄂州花湖国际机场（以下简称"花湖机场"）位于京津冀城市群、粤港澳大湾区、长三角城市群、成渝地区双城经济圈四大城市群十字交会处，作为亚洲首个专业性航空货运枢纽，机场的建设和运营不仅填补了亚洲在专业航空货运枢纽方面的空白，更通过一系列创新举措，有效提升了航空货运的服务效率和质量，对于推动行业发展具有示范作用。

一、主要做法及成效

（一）打通"空中通道"，创新航线结构。花湖机场将航空货运模式由传统"点对点"转型为"轴辐式"，成功构建了一个高效的航运网络，显著提升了货物的运输效率。截至2024年7月，已开通51条国内货运航线（图31-1），联通京津冀、长三角、粤港澳、成渝等46个主要城市，实现1.5小时航程覆盖全国90%主要经济体、300个城市次日达。开通欧洲、非洲、中东、南美洲、北美洲等地区24条全货机国际货运航线、27个国际航点，形成服务全球货物流通的全货机航线网络（图31-2），通过空空联运、陆空转运等组织模式实现全球次日达。

（二）构建"中转枢纽"，提升联运效率。顺丰转运中心总建筑面积75万平方米，输送设备总长52千米，远期规划产能116万件/小时，能够为电商快件、精密仪器、危险品、生鲜冷链货物、活体动物等提供货物处理、进出口报关、打板、装机等综合物流地面服务操作能力，是目前亚洲规模最大的快递包裹处理系统（图31-3）。转运中心采用"上仓储下中转"的立体化布局，通过自主研发自动化分拣设备，实现货物自动分离、自主建包、自动分拣，节约劳动力成本，提高分拣效率。空侧装卸区域采用"装卸一体模块化"设计,应用航空箱/板的操作滚珠平台,提升了航空板/箱整体转运与货车接驳,使衔接转运效率提高约30%。

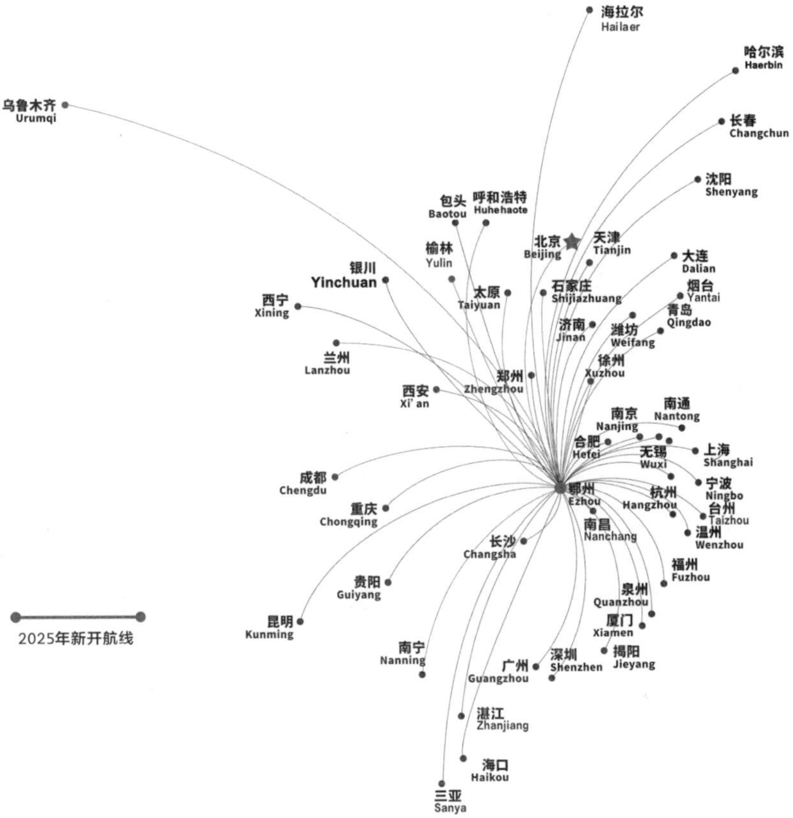

图31-1 国内货运网络

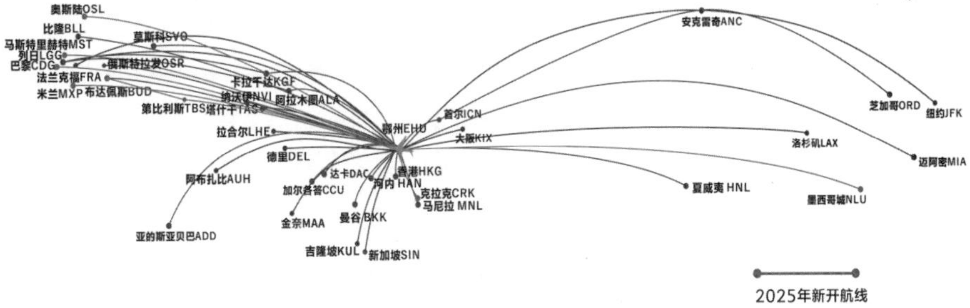

图31-2 国际货运航线网络

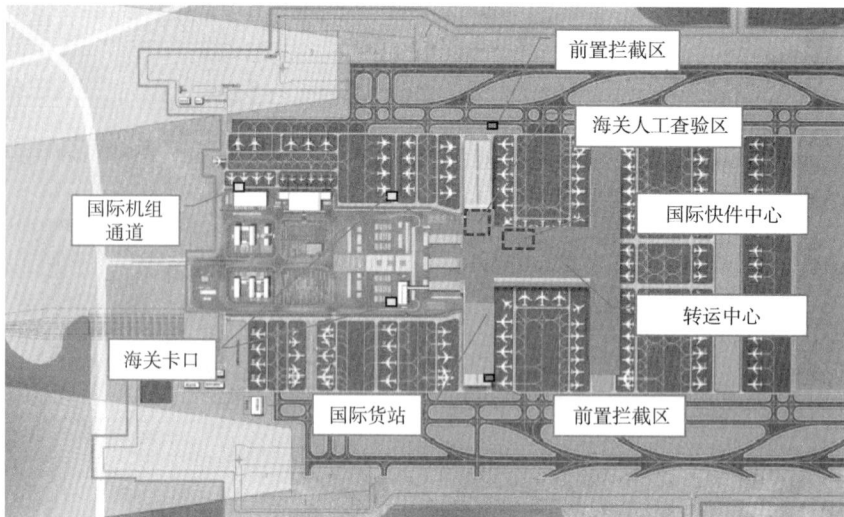

图31-3 国际快件监管场所及配套工程示意图

（三）建设"智慧大脑"，打通数据壁垒。花湖机场建设国际航空货运枢纽平台和多式联运信息平台，集合出口运单管理、集货补贴申请、服务集市等多场景应用，具备运输和监管信息集成、货物状态查询、辅助决策支持等功能，打通空管、机场、航司、海关、民航等多方数据壁垒，对机场生产过程、联运服务过程进行统一管理，实现货物全流程作业，尤其是转运环节的路由可视化、数据可追溯、效率可管控、异常可调度；顺丰与海关共同开发国际快件报关系统，通过顺丰跨境电商快件系统与海关报关系统对接，依托企业系统实现"一键报关"，提升了快件出口通关效率约26%，进一步提升花湖机场对外开放能力。

（四）强化"数字赋能"，促进节能减碳。花湖机场应用大数据、AI模型等技术，建设智慧能源管控平台，时刻掌握设备设施运行情况、机场能源消耗情况等，实现了对机场设备、能源等因素的精细化管控，解决了机场运行过程中能耗数据不透明的问题，提高了设备运行效率和管理水平。此外，机场在建设与运营中广泛应用环保材料和节能技术，推动航空货运业绿色化发展。平台接入全场15个用能子系统，实现对光伏、地源热泵、LED光源、地井、充电桩不同形式能源的智能调度，根据分时电价尖峰平谷时段以及不同用能机组能耗运营数据，建立以寻求最低单位供能价格为目标的预测模型，调度车辆等用能设备通过削峰填谷有序用电，能源站、电动车、高杆灯设备年节约电费共计100万元,减少碳排放量1万吨/年。

二、经验启示

(一)模式创新提升航空货运服务效率。"轴辐式"网络化运营模式将航线辐射区域内航空货源在鄂州汇集编组后,通过货源与航空运力精准配置,最大限度提高货机实载率,降低航空运输成本。较传统"点对点"模式,"轴辐式"网络化运营模式(图31-4)提高货机实载率10%,降低航空运输成本18%。

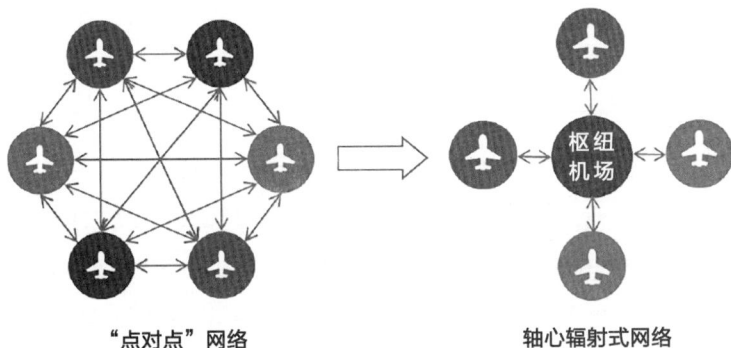

"点对点"网络   **轴心辐射式网络**

图31-4　网络化运营模式

(二)航线网络优化扩大中转成效。花湖机场通过精准的市场定位和航线布局,大力推动国际空空货运中转业务,开展整板转运、中转集拼、机坪直转等模式,实现了国内外航线的高效覆盖。国际转国内方面从顺丰国际航线法兰克福、列日、德里、金奈转至上海浦东、北京首都、青岛、大连、西安、厦门等20个国内站点;国内转国际方面从广州、深圳等航线转至阿布扎比、法兰克福、纽约、列日等航线,国际转国际方面已开展跨航司"阿拉木图—鄂州—阿布扎比"的"一单到底"中转集拼和"达卡—鄂州—火奴鲁鲁—安大略"的"换单"中转集拼业务。

(三)多措并举提升载运率。2024年,花湖机场货运航班载运率为70%(国内74%,国际56.3%),较年初提高5个百分点;货机平均放行正常率为90%,均高于目标值。花湖机场集货专班积极协调顺丰大力提升国内货运量,通过优化直飞航线、鄂州整体填舱、邻省转运、提升日均发货量,加强鄂枢准点率等多项举措,顺丰国内航班载运率由2023年的65%提升至74%。新增14条国际航线,国际航班已达每周

180架次,每周可提供运能11000吨。6月指定监管场所常态化运营后,进口货运量提升逐步显现,目前已进口货物2581吨,本地进口货值2173.5万美元。

(四)数据共享提升航空货运运营决策水平。花湖机场建立多维度数据共享机制,实现了物流信息的即时交互和深度分析。通过构建覆盖物流全流程、全品类的数据平台,实现信息系统与智能设备的协同联动和精准管控,通过空管、机场、航司、海关、民航等多种数据交互共享,合理调度运力安排运输计划,科学制定运输计划、即时处理异常情况,开展全程动态跟踪,以工艺自动化、管理智能化、流程精益化、功能人性化,提升物流运营透明度,提高航空货运和联运中转效率,推动了物流服务模式的创新。

(五)自主可控的技术体系保障物流供应链安全稳定。花湖机场秉承"核心技术自主可控"的发展理念,持续加大创新投入,在关键技术领域取得突破,自主研发控制系统和专业设备,不仅极大提升了操作效率,更为国家航空货运网络的安全性和稳定性提供了坚实保障。全场2.3万台(套)设备实现国产化,国产化率达99.5%,摆脱了对国外技术的高度依赖,保障了信息数据安全,对打造安全自主可控供应链物流服务体系具有重要意义。

(六)多措并举强化危险品运输管理。2024年7月,花湖机场危险品货运业务培训机构正式获批。机场危险品运输管理委员会组织制定特种货物及跨境电商带电敏感货物保障专项方案和流程,吸引了华为、小米、荣耀、苹果等企业及拼多多、希音等电商平台在鄂州转运。

案例32：黑龙江创新中俄陆路国际运输组织模式 为中俄两国经济贸易发展注入新活力

2022年，中俄黑河—布拉戈维申斯克(海兰泡)跨黑龙江(阿穆尔河)公路大桥(以下简称"黑河公路大桥")、同江—列宁斯阔耶铁路大桥(以下简称"同江铁路大桥")正式开通运营，形成了中俄跨境运输公路、铁路新通道。因俄方卡尼库尔干公路口岸(对应黑河公路口岸)、列宁斯阔耶铁路口岸基础设施不完善，国际道路运输信息化管理程度低，中俄国际运输存在"通而不畅"的问题。黑龙江贯彻落实习近平总书记访俄成果，通过创新通关模式、换装模式、推广国际道路运输管理信息系统等方式，着力提升黑河公路大桥和同江铁路大桥运输效能，加强国际道路运输信息化管理水平，为国内国际双循环提供有力支撑。

一、主要做法及成效

(一)创新"自行走机械"通关模式，提升黑河公路大桥运营效能。黑河公路大桥口岸开通后，汽车起重机、牵引车等工程机械及专项作业车出口需求大增。按照常规要求，应由具备资质的专业拖板类运输车辆托运至俄方指定场地，为解决因等待专业运输车辆发生的工程机械滞留、通关效率低下等问题，经与俄方多次共同调研、反复磋商，俄方同意压缩通关手续办理时间，并联合制定"自行走机械"收费标准，双方商定可由中方驾驶员驾驶机械送至俄方口岸指定监管场地，机械车辆等待海关部门查验，中方驾驶员则乘坐其他交通工具返回中方，或者由俄方驾驶员搭乘指定客车到中方口岸后驾驶机械返回俄方。黑龙江首创"自行走机械"通关模式(图32-1)，提升通关效率，通关手续时间由20分钟/辆压缩至15分钟/辆，极大降低运输成本，日通过能力由190辆提升至220辆，验放车辆高峰时可达到约340辆次/天，有力推动了中俄双边贸易发展。

图32-1 "自行走机械"通关模式

（二）提出"宽轨重出"换装模式，保障同江铁路大桥双向过货。为解决俄方列宁斯阔耶口岸换装能力不足问题，黑龙江提出"宽轨重出"换装模式，即俄铁宽轨空载车辆入境黑龙江，在中方口岸场站装载中方集装箱货物后以中欧班列形式出境，保障同江铁路大桥（图32-2）双向过货能力。黑龙江提前做好"宽轨重出"软硬件支持，新增6台门吊，集装箱作业效率大幅提升，24小时内可换装近260节车厢，口岸通关环境持续优化，实现24小时通关，同江铁路口岸接车能力由1天1列提升至1天5列，每日过货量达2.2万吨。截至2023年底，经同江铁路口岸以"宽轨重出"形式出境的中欧班列共计18列、990个集装箱。同时，黑龙江针对宽轨作业制定了《中铁哈尔滨局集团1520毫米（宽轨）装运大吨位集装箱作业组织办法》和《中国铁路哈尔滨局口岸集装箱空出重回作业组织办法》，为"宽轨重出"模式提供了坚实的制度保障。

图32-2 同江铁路大桥

（三）应用推广管理信息系统，提升国际道路运输信息化、便利化水平。黑龙江开展国际道路运输管理信息系统推广工作，结合全省各公路口岸国际道路运输管理业务，在原有基础上优化完善国际道路运输企业和车辆审批备案、客货运输数据统计、手机小程序查验等系统功能，支持国际道路运输经营许可（备案）、运输线路申请、行车许可证管理、路单运单管理、口岸现场查验等国际道路运输管理业务，大力提升国际道路运输管理水平。目前，该系统已在全省8个公路口岸应用，累计备案国际道路运输企业194家、各类运输车辆5094辆、从业人员1583人，发放各类国际道路运输行车许可证1.8万张，登记出入境查验近10.37万次，为黑龙江公路口岸开展国际道路运输管理工作奠定了坚实的基础。

二、经验启示

（一）勇于探索新路径，以创新驱动发展。黑龙江在中俄国际运输中的成功经验，首先体现在其勇于探索新路径、以创新驱动发展的态度上。面对中俄跨境运输中的种种挑战，黑龙江没有固守传统模式，而是积极寻求创新，推出了"自行走机械"通关模式，有效解决了工程机械滞留、通关效率低下等问题。这一模式的成功实施，不仅提升了运输效率，更展示了黑龙江在国际贸易和运输中敢于创新、勇于尝试的精神。

（二）注重基础设施建设，提升运输效能。在国际运输中，基础设施的建设和完善是提升运输能力的关键、是确保运输顺畅和高效的重要抓手。黑龙江在中俄国际运输中的另一个重要经验是注重基础设施建设，特别是换装能力的建设。针对俄方口岸换装能力不足的问题，黑龙江提出了"宽轨重出"换装模式，并提前做好软硬件支持，持续优化口岸通关环境。这一举措不仅保障了同江铁路大桥的双向过货能力，还大幅提升了集装箱作业效率。

（三）加强信息化建设，提升管理水平。在国际贸易和运输中，信息化建设是提升管理水平、实现便捷高效服务的重要途径，通过加强信息化建设，可以实现对运输过程的实时监控和管理，提高运输效率和服务质量。黑龙江通过推广国际道路运输管理信息系统，优化了国际道路运输业务相关系统功能，提升了国际道路运输管理水平。

（四）深化国际合作，推动共同发展。在国际运输中，深化国际合作、推动共同发展是实现互利共赢的重要途径。黑龙江在中俄国际运输中，通过与俄方共同调研、反复磋商，成功推动了"自行走机械"通关模式和"宽轨重出"换装模式的实施，大幅提升了中方的运输过货能力，为中俄两国的贸易和经济发展注入了新的动力。

案例33：吉林推动TIR中欧公路直达快运模式 打造向北开放新高地

吉林深度融入共建"一带一路"倡议，着力打造多部门协调联动、多方向通道建设、多企业数据共享的新发展格局，通过高水平的对外开放策略驱动高质量的经济振兴与发展。重点发展TIR（国际公路运输）框架下的中欧公路直达快运业务，实现全程不倒装、不卸货、不开箱查验，缩短货物滞留时间和运输成本，大幅提升运输效率，有效避免货物二次装卸产生的货损，助力企业降本增效。2023年以来，吉林TIR持证人企业已完成60趟次国际公路货运业务，累计货值3483万元人民币。

一、主要做法及成效

（一）强化部门协同，做好企业"护航员"。吉林省交通运输厅在TIR持证人申请、运输车辆核准、TIR单证获取关键等环节为企业提供全程指导，通过协调长春兴隆综合保税区作为中欧公路直达快运的起讫点（图33-1）、协助企业在长春兴隆综合保税区登录海关系统实施报关（图33-2），有效简化申报流程、缩短通关时间；积极联动长春海关、省商务厅、长春兴隆综合保税区及TIR持证人企业，持续收集企业在通关和运输环节遇到的各类难题，通过跨部门的高效协同与快速响应，合力为企业疏纾解困，推动TIR模式下的中欧直达快运稳步发展（图33-3）。

（二）完善通道建设，探索国际"新方向"。2023年8月17日，吉林成功组织TIR模式下的中欧公路直达快运首发测试，以公路运输方式实现一汽轿车产品出口欧洲（图33-4）。该趟次运输从长春兴隆综合保税区出发，经由满洲里口岸出境，最终抵达俄罗斯莫斯科，填补了吉林中欧公路直达运输的空白，成为继中欧班列、海铁联运、货运包机之后的国际物流"第四通道"。吉林持续探索并开辟新的国际物流通道，打通了由吉林省出发，途经内蒙古满洲里、新疆霍尔果斯口岸，直达俄罗斯、白俄罗斯、哈萨克斯坦、格鲁吉亚等中亚、欧洲国家的国际物流新通道。

图33-1　中欧直达快运起点——长春兴隆综合保税区

图33-2　中欧直达快运口岸监管作业场所

图33-3　"一带一路"通道

图33-4　轿车产品出口欧洲

（三）搭建信息平台，推动数据"软联通"。吉林建设国际物流供应链服务平台，整合贸易企业的货源信息及运输企业的运力信息，促进国际道路运输供需双方精准对接，推动实现线上车货高效匹配。国际物流供应链服务平台为国际道路运输企业、进出口贸易企业、跨境电商企业提供了国际运输便利化服务，还推动了企业融入智慧物流供应链生态体系，实现资源共享、优势互补、协同发展，显著增强了吉林企业的综合实力和竞争力。

二、经验启示

（一）建立多部门协同机制。省交通运输厅会同海关、商务厅、保税区等部门建立协同工作机制，明确职责分工，形成强大合力，共同解决企业在业务开展过程中的堵点和卡点问题，为TIR模式下的中欧公路直达运输提供政策支撑和保障。

（二）开辟国际物流新通道。鼓励企业拓宽国际视野，从邻国俄罗斯、朝鲜入手，开展边贸运输业务，开拓联通欧洲、中亚等国家的国际物流新通道，不断拓展运输服务范围，构建多通道并行、多国业务覆盖的国际道路运输新格局。

（三）搭建信息化平台。以信息化平台赋能国际物流发展，充分挖掘数据要素价值，打破数据孤岛，实现贸易企业与运输企业数据信息互联互通，为企业提供更多市场选择和合作机遇，降低合作商挖掘与信息沟通成本，提高服务效率，引领企业开启智能化发展新篇章。

案例34：广西助力国际道路运输"通、畅、优" 高质量推动国际贸易发展

广西背靠大西南，毗邻粤港澳，通衢东南亚，是海上丝路重要枢纽，是我国面向东盟开放合作的前沿和窗口。近年来，广西依托独特区位优势，通过强化基础、优化通关、简化流程，加快建设面向东盟国际道路运输大通道，提供便捷高效的国际道路运输服务。2024年1至9月，东兴、友谊关口岸共完成国际道路货物运输量428.14万吨、同比增长27.79%，货物周转量4268.23万吨公里、同比增长22.75%，出入境车辆共计49.08万辆次、同比增长42.02%，广西外贸进出口货值5217.7亿元人民币，同比增长9.1%。

一、主要做法及成效

（一）强基础，推动中越跨境运输互联互通。在公路基础设施互联互通方面，广西加快推进与越南联通的边境陆路通道建设（图34-1），建设与越南衔接的河内至芒街等13条高速公路，其中，7条联通东兴、友谊关、水口、龙邦、爱店5个口岸，已实现中越边境陆路口岸通达二级及以上公路。在运输服务网络互联互通方面，广西加强对越国际道路运输服务供给，新增爱店口岸（中国）—峙马口岸（越南）国际道路运输车辆通行口岸以及10条国际道路客货运输线路，截至目前，共开通中越国际道路货运线路13条，国际道路运输互联互通水平不断提高。

（二）优通关，助力提升通关效率。在车辆出境通关方面，实施"快速通"，广西推动友谊关口岸全面应用车辆边检快速通关系统和货物网上申报系统，运用物联网、地图标记等技术，实现车辆线上统一监管，10秒内完成车牌号、行车许可证扫描查验，车辆总通关时间缩短2小时，同时，启用空车返程专用通道，实行越南返程空车与中国出境重车分道运行，大幅度提升车辆出境通关效率。在重点货物进出境通关

方面,实施"即时通",广西推行每周"7天×24小时在线预约通关"服务及"12小时执法人员在岗"服务,无须预约、随到随办,同时,推动鲜活农产品、水果进出口贸易快速通关(图34-2),水果在口岸停留时间控制在24小时以内。在入境接驳方面,实施"直接通",允许越南货运车辆直通凭祥指定货场开展接驳业务,不再实行分段运输等交接模式,减少运输环节、降低运输成本。2024年1至9月,共办理越南货车直通凭祥指定货场接驳签章23067辆次,每车可降低物流成本约1600元。

图34-1　东兴口岸"一带一路"通道

图34-2　凭祥综合保税区通关现场

（三）简流程，优化跨境物流营商环境。广西推广国际道路运输许可"线上办""自助办"等高效便捷服务，升级改造广西国际道路运输服务信息系统，完善电子证照查验等功能，实现"网传、网审、网办"，实现中方出境车辆"一码通"、越方入境车辆"提前办"、出入境车辆"自动查"等功能（图34-3），有效节省口岸现场核验纸质材料时间。2024年1至9月，东兴、友谊关口岸国际道路运输管理机构发放《国际汽车运输行车许可证》电子凭证占比近15%。此外，广西推动超限运输许可"简化办"流程，加强与越南芒街交管部门沟通协商，简化中方行车许可证办理手续，对已取得中方交通运输部门超限运输许可证的货运车辆，无须再向越方提交超限货物运输申请，可直接凭普通货物运输许可出境，进一步提升跨境运输效率。2024年1至9月，共为380辆次大件运输车辆办理通关手续，有力推动我国大型机械设备等产品通过东兴口岸出口越南。

图34-3 《国际汽车运输行车许可证》现场查验、签章

二、经验启示

（一）聚焦机制，深化中越双向交流沟通。广西作为国家便利运输委员会副主席成员单位，大力完善自治区便利运输协调机制，成立了由自治区人民政府分管交通的副主席担任组长、由自治区发改委、财政厅、交通运输厅、商务厅、外事办、交警总队、南宁海关等单位组成的自治区便利运输领导小组，指导协调自治区有关部门按

照国家便利运输委会的要求开展各项便利运输工作,推进我国广西与越南等大湄公河次区域有关国家便利运输的合作与交流;构建了事务级会议、定期工作年会、口岸工作例会三级沟通机制,通过例会,协商运输线路开行,协调解决国际道路运输中存在的问题,搭建起良好的交流合作平台,不断深化中越双方及与口岸联检部门信息交换机制。

(二)聚焦效率,加快推进国际道路运输数据对接。广西将数字赋能、智慧引领作为提升口岸通关效率的重要抓手,依托广西道路运输管理信息系统,在全国陆路口岸率先实现广西国际道路运输服务信息系统嵌入国际贸易"单一窗口"信息系统,逐步完善广西国际道路运输服务信息系统与交通运输部"国际道路运输管理与服务信息系统"的数据对接,为参与和推动实现全国国际道路运输业务"一网办理"提供有效支撑。

(三)聚焦服务,提升跨境跨区域运输服务水平。广西开展《广西壮族自治区道路运输管理条例》(国际道路运输板块)修订研究工作,为国际道路运输发展提供法治保障;规范使用国际道路运输管理保障经费,加快建设边境口岸汽车出入境运输管理设施,为边境口岸货物运输提供经费保障。

案例35:陕西提升中欧班列运行服务质效支撑全国向西开放

西安浐灞国际港贯彻落实习近平总书记来陕考察重要讲话精神,"高质量推动中欧班列(西安)集结中心"建设,持续深化中欧班列(西安)集结中心提效率、降成本、优服务,加快构建现代国际物流体系。2023年,中欧班列西安集结中心成为全国首个中欧班列年度开行量突破5000列的城市,班列开行量、货运量、重箱率等主要物流指标连续6年稳居全国第一。随着中欧班列西安集结中心建设的推进,中欧班列(西安)集结中心服务全国向西开放的"集结"效应不断显现,助力陕西在打造内陆改革开放高地上取得新突破,为更好服务国家向西开放战略提供坚实支撑。

一、主要做法及成效

(一)高标准建设世界一流内陆港。建成西安国际港(占地3732960平方米)(图35-1),设置3束6线铁路集装箱中心站和18条国际集装箱作业到发线,作为全国首个内陆自动化无人码头,可满足中欧班列每年一万列以上开行需求。创新铁路用地模式,联合铁路部门共建西安国际港,引进中国五矿、中远海运、中国林业等大型企业,建设"一带一路"大宗商品交易中心、海铁联运中心、木材交易中心、冷链交易中心、粮油交易中心专业物流设施等,正在打造面向欧亚、通达全球的内陆地区国际商贸物流枢纽。

(二)高质量构建现代国际物流体系。开通中欧班列(西安)国际干线18条,覆盖亚欧大陆全境。织密国内集结网络,向东开行西安至青岛、宁波等沿海港口的铁路图定班列,通过海铁联运快速到达世界各地;"+西欧"线路达到24条,形成以渭南、安康、汉中、榆林等城市联结为主的省内集结网,以厦门、华北、齐鲁、华东、华南等沿海港口城市为主的沿海线集结网,以及以湖北、安徽等重要产业链为主的中间辐射带。

图35-1　西安国际陆港

中欧班列(西安)国际干线

　　中亚方向常态化开行我国西安至哈萨克斯坦阿拉木图、乌兹别克斯坦塔什干等干线,并通过多式联运覆盖中亚五国;南亚方向开行我国西安至尼泊尔加德满都、巴基斯坦伊斯兰堡公铁联运线路;西亚方向开行阿塞拜疆(巴库)、格鲁吉亚等线路;东南亚方向开行我国西安至越南、老挝等线路;欧洲方向常态化开行我国西安至德国汉堡、波兰马拉舍维奇、俄罗斯莫斯科等线路。

　　(三)高效率提升中欧班列运行质效。我国西安—德国杜伊斯堡全程时刻表班列从每周"2去1回"提升至"4去3回",时效由18~20天缩短至10天左右。西安—巴库跨里海线路(图35-2),从"2天1列"实现"天天班列",开行频次全国第一,时效由15~23天缩短至11天左右。西安—莫斯科公共班列,时效由15~18天缩短至10~12天。西安—塔什干公共班列,时效由13天缩短至9天。

　　(四)高水平提升综合服务效能。建成投运长安号云舱系统,与哈铁信息系统联网对接,打通海关、铁路数据,由手工制单、代理订舱等多环节发运升级为一站式、一票制国际联运全程服务,报关、制单时间从过去的5~7小时缩短至5分钟以内。全国首个陆路启运港退税试点(图35-3)实施达效,在西安港开展出口业务的企业可以享受和海港、河港一样的退税政策。长安号数字金融综合服务平台为企业提供运单贷、运费贷,融资金额累计达78.9亿元人民币。

图35-2　中欧班列(西安)跨里海班列

图35-3　陆路启运港退税试点政策海铁联运首发班列

二、经验启示

(一)把政府主导、市场运作作为聚集中欧班列各类资源要素的重要保障。坚持政府主导、市场化运营的开行思路,搭建政府协调可控的多平台运营模式,既保证了开行目标的落实,又维持了开行中的有序竞争,促进了中欧班列(西安)集结中心国际物流量的持续增长。

(二)构建"+西欧"集结体系,拓展班列腹地市场。依托中欧班列(西安)集结中心,联手京津冀、长三角、粤港澳以及晋陕豫黄河三角洲、华中等地区的重点城市,合作开行24条"+西欧"集结班列,将重点城市货物经西安港集结再运输出境,实现供应链和产业链深度融合。

(三)创新跨里海班列运输组织模式。在原"西安—跨两海—欧洲"路线基础上,升级采用"专线专用"的集装箱船替代黑海内公共海运服务,提升黑海段"铁海"间运输模式的衔接能力和黑海区域的运输效率。整列集装箱进入欧盟国家后,使用自营机车和车板,有效提高"海铁"转运效率,缩短整体运输时效,较传统海运节省时间成本达50%。

第七篇

创新智慧物流
新模式

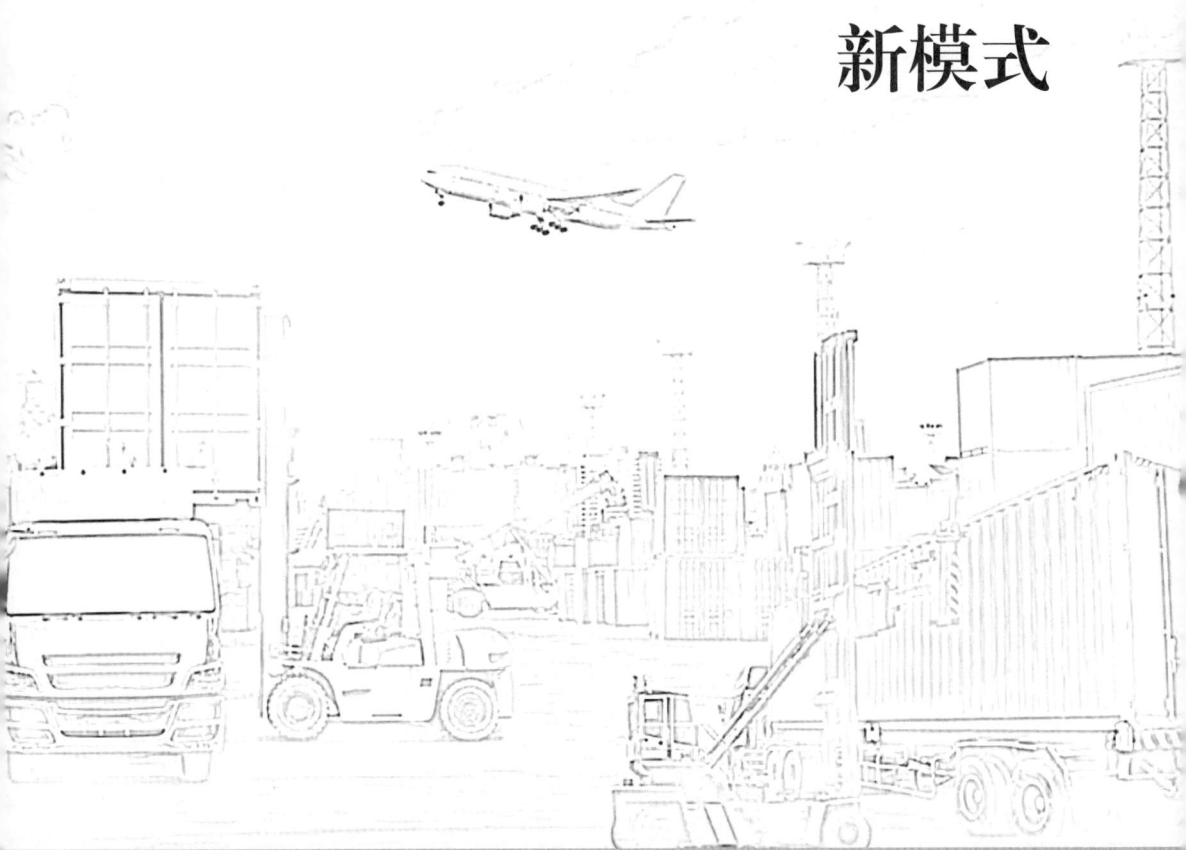

案例36：天津港至马驹桥物流园跨省市公路干线物流"车路协同+自动驾驶"落地应用引领京津冀物流一体化发展

自动驾驶是未来汽车产业发展的主流趋势,车路协同能够加速自动驾驶规模化、商业化落地,是新一轮科技创新和产业竞争的制高点。天津港至马驹桥物流园公路货运自动驾驶先导应用试点是国内首个跨省市公路干线物流车路协同自动驾驶商业试运行项目。项目面向干线物流运输,在"天津港—京津塘高速—北京经济技术开发区马驹桥物流园"路线上实现货车编队跨区域自动驾驶,成功探索"智慧货运通道+自动驾驶运力"商业模式,形成与无人驾驶相结合的物流新模式,促进公路干线运输更安全、高效、经济。

一、主要做法及成效

(一)统一政策标准,推动开放国内首条自动驾驶跨省市智能网联测试道路。为解决跨地区车路协同建设标准、运营资质要求、监管要求、车牌互认等政策标准不统一等问题,编制《自动驾驶货车编队行驶京津冀三地互认政策机制》《高速公路车路协同基础设施建设支持要求和保障政策》等4项政策文件,以及《高速公路车路协同基础设施技术规范》《高速公路车路协同自动驾驶货车编队运行系统技术要求》等5项技术标准,推动天津、北京、河北三省(市)开放京津唐高速自动驾驶测试路权、互认自动驾驶牌照,为试点项目顺利实施奠定坚实政策保障。

(二)建设路侧系统,实现自动驾驶货车编队商业试运行。打造以智慧公路操作系统(OS)为核心的公路路侧系统,涵盖公路物联网(IOT)、车辆万物互联(V2X)、公路业务中间件、边缘人工智能、边缘实时轻应用、边缘云原生、异构计算、融合网络、空中下载(OTA)等九项能力,具备匝道分合流预警、收费站通行引导、突发事件信息发布、恶劣天气通行管控、违章行为联合取证、路侧视频压缩优化等信息服务能力，可为自动驾驶、智能网联汽车提供安全行驶信息服务，为高速公路运营管理提供设备统一管控、统一运维、事件智能检测、管控策略智能执行等服务。

（三）打造"1138"产品服务体系，适应多元化应用场景。围绕城市联络线、高速公路通行、应寺检查站过检三类场景，打造"1138"产品服务体系，即一套智慧公路操作系统（CM-ROS）、一个高速公路车路协同云控基础平台、三项云端应用系统（智慧运输通道商业化试运行业务管理系统、高速公路车路协同重点场景数字孪生系统、"通港达园"大屏可视化系统），能够提供收费站、匝道汇出、匝道汇入、检查站、恶劣天气、施工、事故高发、伴随式云守护等八项服务。未来将向无人摆渡接驳、智慧停车、城市公路、交旅融合等更多场景拓展。

（四）探索商业模式，推动自动驾驶全产业链可持续发展。京津塘高速自动驾驶货车编队将燃油货运车替换为电动自动驾驶货运车，通过为自动驾驶货车编队（图36-1）提供多元化车路协同服务，构建以信息服务费、自动驾驶货运车收费和预约通行服务费为主的商业模式。该商业模式可通过节约驾驶员和燃油费用降低运输成本。预计规模化应用后可降低运营成本约15%，减少干线运输人工成本约50%。

图36-1　自动驾驶货车编队

二、经验启示

（一）建立跨地区多部门协同研究工作机制是项目落地的基础。招商局集团牵头成立"智慧公路与车路协同链长制",北京、天津、河北等省(市)经信、交通等部门协同配合,共同建立"政产学研用"产业生态圈,围绕政策不统一,标准规范缺失,测试运行、场景应用、商业模式等方面需要制定统一政策、标准、规则,加速推进自动驾驶货运车、干线物流车路协同自动驾驶商业应用进程,降低了自动驾驶高速公路场景测试成本,推动京津塘高速开放为全国首条跨省市智能网联测试道路,有效助推京津冀地区智慧物流一体化发展。

(二)创新应用场景及商业收费模式是项目可持续发展的核心。围绕城市联络线、高速公路通行、应寺检查站过检三大类落地场景,为自动驾驶货车提供高精度、高可靠位置与姿态感知信息、安全风险告警与车道级行车引导、恶劣天气通行等信息,探索以信息服务费、预约通行服务费等商业模式,增强项目的自我造血能力。

(三)构建"车能路云"融合生态是项目高质量推进的关键。通过研发和示范投入,带动车路协同、自动驾驶、智慧公路、新能源汽车等产业发展,形成了健全完整的无人驾驶产业链,创新了交通物流降本、提质、增效新路径,为地方发展新兴产业提供优质载体。

案例37:苏州因地制宜发展新质生产力
打造低空经济新高地

习近平总书记参加十四届全国人大一次会议江苏代表团审议时强调,要因地制宜发展新质生产力。江苏省委、省政府高度重视低空经济发展,苏州市聚焦产业生态、保障体系、应用场景,培育低空经济产业集群,推进无人机在低空领域的拓展应用,促进交通运输业与工业、制造业、农业、林业、建筑业、电力、医疗等一二三产业深度融合,通过低空经济多元化发展促进实体经济降本增效。

一、主要做法及成效

(一)强化顶层设计,制定低空经济专项规划政策。编制《苏州市低空经济发展规划(2024—2030年)》《苏州市低空经济高质量发展实施方案(2024—2026年)》《苏州市支持低空经济高质量发展的若干措施(试行)》《苏州市低空空中交通规则(试行)》《苏州市低空经济发展2024年工作要点》等一揽子政策文件和标准,提出力争打造全国低空经济示范区和千亿产业规模的总目标,围绕建设产业生态、建设基础设施、规划航路航线、构建低空智慧物流体系等方面明确任务目标,在引进培育低空重点企业、鼓励低空科技创新引领、扩大低空飞行应用场景、优化低空经济发展环境四个方面,研究15项具体支持措施,单项奖励最高2亿元人民币。良好的政策环境,为苏州招引重点项目提供优越条件。截至2024年上半年,苏州已签约低空经济项目318个,计划总投资770亿元人民币,涵盖低空制造、低空基础设施、低空应用等领域,签约苏州东方低空产业投资基金等低空经济相关产业基金18个,总规模超204亿元人民币。

(二)试点示范引领,培育扶持龙头骨干企业。遴选昆山花桥低空经济产业园(图37-1)等7家低空经济先导产业园、空天动力研究院等7家低空经济创新示范机构、苏州羚控智能装备科技有限公司等30家低空经济领航企业,在建圈强链、标准化研究、科技创新、人才培养等方面形成苏州优势。汇聚低空经济头部企业、领先技术机构、产业园区等资源合力,成立苏州市农业低空经济发展联盟、苏州市低空经济产业标准化联盟和苏州市低空产业检验检测联盟三个产业联盟,旨在开展低空经济相关标准制定、培育一批具有较强前瞻性和较高市场价值的专利、完善低空航空器试验试飞检测等功能。

图37-1　昆山花桥低空经济产业园

(三)科研机构支撑,加速汇聚科创资源。推动工信部电子五所设立低空飞行器中试验证中心(华东分所运营),建设低空飞行器的器件与部件、整机与系统、工业软件等中试平台;推动中国电子化标准研究院设立无人驾驶航空器(华东)标准验证中心,建成具备通信性能、飞行性能、导航性能、姿态和环境适应性能等完备的检测能力,开展关键核心标准研制;联合中国航空器拥有者及驾驶员协会在苏州设立低空经济产业分会,在协助制定规划政策、引进低空经济头部企业、搭建交流平台、举办低空经济活动等方面集聚行业智慧;成立苏州市航空产业发展有限公司、苏州市国际航空物流有限公司、苏州低空科技有限公司三大国资平台,在低空基础设施建设、航空物流服务、低空运行管理三大方面提供保障,实现对低空飞行器"看得见、叫得到、管得住"。

(四)加强市场导向,拓展低空物流场景。大力推进快递运输、即时配送、农村配送、岛际物流、跨江物流等场景应用。打造了苏州首个无人机运邮试点(金港—双山岛)(图37-2),实现快递邮件提速上岛、绿色上岛,上岛速度提升87%,物流成本降低20%。开辟了苏州首条进入常态化运营的无人机配送航线(顺丰吴江分拨中心—苏州大学未来校区),时间节约77%,试点"无人机+无人车"联运新模式。开通东山枇杷运输临时航线,通过"即时响应+无人机运输+上门送达"的模式,为枇杷同城、跨城半日达提速增效。创新水上综合服务无人机应用场景,满足离岸船民获取生活物资、药品、维修件等高品质、强时效需求,实现以低空经济赋能船民服务"最后一公里"。

图37-2　无人机运邮试点(金港—双山岛)

二、经验启示

(一)全链条培育产业。建设高能级创新载体,发挥苏州实验室、先进技术成果长三角转化中心、南航苏州研究院等机构科技创新优势,在电机材料、元器件、蓄电池、飞控系统、机载系统、检验检测等方面联合攻关。深化大中型工业级无人机和eVTOL(电动垂直起降飞行器)整机制造,加强关键部附件和系统等配套关联制造,促进低空经济与既有交通装备制造业深度融合,加速成果转化。加速布局低空智联网、低空安全产业等潜力赛道。强化低空专业教育培训。加强低空经济相关专业教育,做大做强飞行培训考证和职业培训等业务,延伸低空经济文化科普研学产品开发,聚集高层次创新人才。通过"外引"和"内育"构建头部企业、生态型"链主"企业培育体系,夯实低空经济全产业链、全供应链体系,为加快构建产业集群创造条件。

(二)全领域建造场景。推动"低空+",培育"无人机+智慧城市"管理应用新格局,促进无人机在交通、农业、国土、电力、城管、警务、应急、救援、环保等领域全面应用,打造高品质城市管理服务。探索城市空中交通新业态,深度参与长三角地区现代化综合立体交通运输体系建设,打造城际快线、公商务出行、定制化航班、联程接驳等多元产品,提升区域交通一体化水平。拓展低空智慧物流场景,完善无人机快递集散基地、智能接驳柜等末端设施,推进无人机快件配送、无人机闪送等业务发展;促进低空经济与城市生产、生活有机融合,构建重点商圈与社区写字楼、高校、景区等场景之间的即时配送快线;面对高附加值、高时效性产品运送需求,提供定制化低空物流服务;拓展无人机在跨江城市、岛际物流、海关监管区之间的货物运输应用;促进"无人机+无人驾驶智能车"联合运作,逐步建立无人机、无人车差异化配送网络。

(三)全方位强支撑。围绕规划政策、技术标准、数字监管等方面建立全方位保障体系。加强立法保障,积极推动苏州市级低空经济领域专项法规出台,健全产业发展法治根基。完善规划体系,加强低空起降点布局、低空气象保障等专项研究。加强标准牵引,鼓励开展低空经济相关标准研究,积极参与国家标准体系建设。强化安全投入,探索低空安全联合监管机制,完善应急预案体系,加快构建低空数字智联网和低空运控服务网,增强飞行服务保障能力和飞行安全防控能力。深化产业扶持政策,对人才引进、科技创新、场景拓展、成果转化等方面给予资金支持,为低空产业发展营造良好环境。创新金融服务,鼓励金融机构和保险机构进行金融创新,开发面向低空经济产业的金融产品,优化无人机保险产品结构和费用,有效降低运营企业开展低空业务以及公众享受低空服务的成本。

案例38:雄安新区建设智慧高速公路
助力智慧交通发展

雄安新区以打造车路协同系统示范和应用区域为宗旨,建成"四纵三横"对外高速公路网和覆盖容东片区153公里数字道路网络,通过智慧感知技术,实现数字化管理、"车路云网一体化"、安全风险管控体系,可提供准全天候快速通行服务,为探索无人驾驶新模式提供了支撑条件。

一、主要做法及成效

(一)建设数字化交通基础设施示范路段。针对低能见度和冰雪条件下通行困难问题,京雄高速研发智能感知系统(图38-1),可准确监测恶劣天气,全线建设智慧照明系统,可自动调整灯具色温,重点区域试点使用智能融冰除雪系统,喷洒环保型防冻溶液,实现雄安新区小闭合圈能见度50米以上通行。最内侧两车道建成支持自动驾驶专用车道(图38-2),利用摄像机和跟踪检测雷达实现目标连续跟踪及异常事件识别,配合车路协同与自动驾驶系统,形成开放测试区,提供碰撞预警、合流区预警等道路信息全面感知和精细化管控。全面应用BIM(建筑信息模型)+GIS(地理信息系统)技术,实现沿线机电设施的数字化管理与运维(图38-3),利用车载激光点云和无人机航飞技术,建成全线数字化高精地图,实现对高速公路数字孪生可视化展示,打造高精度数字化基础设施示范区。

(二)建立分车道、分时段智能化货运车辆管控系统。荣乌高速新线攻克"超距雷达感知""主动控制""车基反馈""交通云控"四项智慧高速技术,形成以感知、控制、协同、管理和服务为核心的"车路云网一体化"智慧高速方案,建设实施全量全要素数字融合感知系统、公里级分车道主动控制系统、分时段分车道货车管控系统、基于车路协同的车道级驾驶引导系统,形成以智慧管控为核心的"1+5+N"智慧高速标准体系(图38-4、图38-5),完成了智慧高速公路顶层架构设计。

图38-1　京雄高速智能感知系统

图38-2　支持自动驾驶专用车道

图38-3　机电设施数字化管理与运维

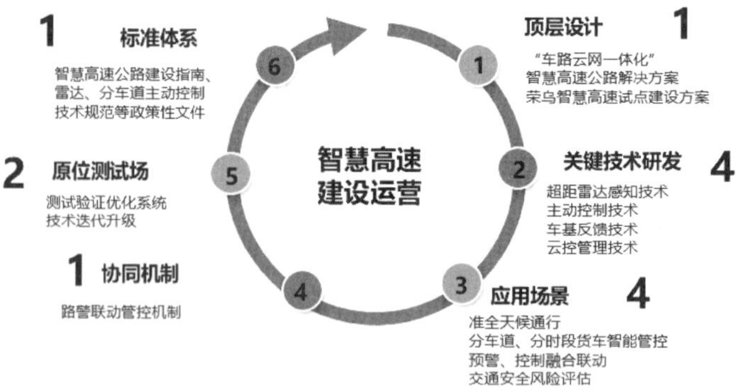

图38-4　智慧高速建设运营体系

图38-5　荣乌高速管控中心

（三）建成安全风险预警系统。京德高速安全风险管控体系以风险提前识别和防控为核心，在传统"事件识别、交通控制、事故施救"的基础上，将安全管控体系向前延伸至"风险感知、风险评估、风险管控"，建立"风险指标体系"和实时碰撞预警平台，分类定量评估道路风险，实施实时碰撞预警及仿真安全管控策略；基于雷视融合技术，建立实时性、唯一性、连续性的伴随式预警服务机制，实现对车辆速度异常、连续变道等异常驾驶行为的伴随式预警提示、主动交通管控、人机协同准全天候综合指挥调度。

（四）打造可复制、可推广的智慧高速体系平台。依托京雄高速一体化综合管理服务平台，研究具有地方特色的全省高精度数字地图、长隧道群智慧运行及应急救援系统等，推广AI全场景高速体系，助力人工智能在高速领域进入场景化应用时代，推动公路交通行业数字化转型进程。依托荣乌高速新线、京德高速"车路云网一体化"智慧高速方案,指导秦唐高速唐山段、秦唐高速秦皇岛段等路段利用窄带物联网、短程通信、5G、云计算、大数据、人工智能等新一代信息技术,构建以准全天候出行或智能综合管控为核心的智慧交通体系。

二、经验启示

(一)多级多部门联动协同。河北省交通运输厅、河北高速公路集团、设计与施工单位等形成了"省厅—集团—设计施工单位"三级联动机制。在省交通运输厅统筹规划下,多部门上下联动,各单位协同作战,在关键技术和产业应用领域集中行业顶尖专家指导把关,建立了分工合理、责任明确、行之有效的试点任务实施团队。

(二)系统化顶层设计,提升整体性、协同性。主动适应准全天候通行、智能交通基础设施数字化、货车智能管控、车路协同、安全风险预警等交通需求场景,系统化打造以"全息化感知系统、分车道控制系统、一体化协同系统、网联化管理系统、精细化服务系统"为主体的智慧高速公路总体方案,搭建了完整的智慧高速公路技术体系,保证了项目的整体性与协同性。

(三)建设期数字化成果向运营期移交。坚持智能化建设和信息化管理,采用数控式钢筋加工、钢筋智能单点配送等技术,利用BIM+GIS的信息化综合管理平台,提高智慧公路建设的数字化、智能化水平。同时,建设期的数字化成果继承到运营期,为数字化交通基础设施运营提供数据支撑。

(四)构建标准化体系。深度凝练智慧高速公路技术研发、建设实施工程应用等经验,通过编制发布标准、方案、意见、白皮书等指导规范性文件,形成智慧高速公路建设运营系列雄安标准,为全国智慧高速公路建设提供了示范性参考。

案例39：河北黄骅港科技引领港口转型升级打造绿色港口标杆典范

黄骅港是一座以煤炭装卸为主的现代化综合性能源港口，连续5年煤炭水运量居全国港口首位。为突破传统煤炭港口局限，黄骅港务深入推进智慧港口建设，创新建立智慧港口体系，研发翻、堆、取、装等自动化技术和装备，实现全流程智能化作业，推广智能抑尘技术，搭建智能管控平台，优化能源结构，加速绿色低碳转型，为散货港口行业打造样板工程。

一、主要做法及成效

（一）深化产学研用融合创新，构建智慧港口体系。黄骅港务深度调研国内外先进港口智能化建设情况，积极制定港口产业数字化转型发展规划。同时，优化科研架构，成立科技管理委员会和智慧港口建设领导小组，建成省级研发平台——河北省散料港口技术创新中心，围绕智慧港口建设方案明确战略方向、重点任务，组建专项课题组开展专题研究，加强与外部科研力量的联合攻坚，稳步构建智慧港口体系。

（二）研发自动化、智慧化装卸技术设备，提升港口装卸效率。黄骅港务运用5G、云计算、区块链、大数据、人工智能、数字孪生、北斗、物联网等新一代信息技术，建设5G港口，率先实现自动操作、数字仿真、远程监控、无人值守的"翻、堆、取、装"设备智能化控制，建立全面感知设备与资源状态的智能生产调度模式，通过搭建综合数据分析平台和港口大数据管控平台，实现生产设备自主协同运行，构建全流程智能化运营港口，大幅提升煤炭港口作业效率和航道设施利用率，卸车流程效率提升2.6%，装船流程效率提升3.8%，港口船舶在港时间平均缩短2天，全年增加至少100艘次船舶运量。

（三）推广智能抑尘技术，打造绿色港口典型示范。黄骅港务利用物联网、大数据分析等信息技术,开发港口粉尘云监测与智能洒水联动控制系统和堆场扬尘治理精准智能控制系统,研发针对不同煤种的长效抑尘技术、堆场智能水幕技术,建设移动单机臂架智能补水系统,通过雷达、图像监测并远程控制,实现精准定向抑尘以及堆场煤垛表层煤炭外含水的自动快速均匀补水,确保全时域覆盖粉尘治理,成功构建了智慧化生态环境管理体系,达到水源蓄用平衡和高效回收再利用。2020年至2023年,节约回收利用水量超过1600万吨,节约水费8000万元,煤炭粉尘回收量达9.59万吨,煤尘回收创收2690万元。

(四)聚焦港区用能结构调整,积极落实双碳政策。黄骅港务推进船舶港口岸电系统建设和使用工作,建设21套岸电系统和32座接电箱,实现港区泊位岸电全覆盖,具备岸电接入条件船舶实现岸电全使用。同时,港区内建设总装机容量6.7兆瓦峰值的光伏并网电站,采用"自发自用,余电上网"的能源管理模式,优化港口用能结构。2023年,岸电接驳运煤船1068艘次,年度供电401.5万度,替代船舶燃料消耗883.3吨,减少碳排放2859.0吨,强力推进散货港口绿色低碳发展。

二、经验启示

(一)深度整合产学研用资源是智慧转型的关键。产学研用一体化是推动科技创新和成果转化的关键机制。黄骅港务不仅着眼于国内外港口智能化建设的最佳实践,还以数字化和智能化思维制定了港口产业的数字化转型规划。通过优化科研架构、打造省级研发平台、设立专项课题组,进行专题研究,确保智慧港口建设的系统性和全面性,共同突破解决港口智能化发展过程中的关键技术和业务挑战,扎实推动黄骅港向世界一流能源智慧大港迈进。

(二)科技赋能与全流程智能化是效率提升的核心。高科技集成优化生产流程是提高生产力、增强竞争力的关键所在。黄骅港务通过集成5G、云计算、大数据等前沿信息技术,构建数据管理平台,将"全面感知、数据驱动、协同控制、动态决策"的理念融入日常运营中,通过"平台底座、数据底座、云网底座"的支撑,实现了从设备操作到装卸作业的全流程智能化控制,对于提升港口运营效率具有决定性作用。

(三)绿色发展与优化能源结构是可持续发展的保障。智慧港口的建设不应局限于效率提升,更应融入绿色、可持续的发展理念,通过科技创新解决环境问题,从而引领行业向更加绿色、环保、可持续发展迈进。黄骅港务高度重视生态环境保护与节能减排,通过推广智能抑尘技术和优化港区能源结构,实现了经济效益与环境效益的双赢。智能抑尘技术的应用不仅有效控制了粉尘污染,还实现了水资源的高效利用,创造了显著的经济价值。岸电系统与光伏电站的建设,则是其积极响应"双碳"政策、推动绿色低碳发展的有力举措。

案例40:青岛港建设全国产化全自主自动化
码头　推动港口智慧化转型升级

青岛港加快建设世界一流海洋港口,以打造全球领先的全自动化集装箱码头为抓手,通过自主研发关键核心部件和系统,建成全球领先、亚洲首个全自动化集装箱码头、世界首个"氢+5G"智能绿色码头、全国首个全国产化全自主自动化码头,打造智慧绿色港口示范标杆。

一、主要做法及成效

(一)关键核心技术全自主。青岛港自动化集装箱码头三期工程全力打通堵点和卡点难题,完成码头全国产智能管控系统(A-TOS)(图40-1)自主研发与应用,实现现场作业AGV(自动导引车)周转时间降低7.2%,单机作业效率同比提高7.2%,综合泊位效率提升2.1%,实现海陆侧效率全面提升。电控系统、智能感知系统、高载荷全功能驱动桥及其他关键核心零部件等全国产化,从港口重大装备到核心系统、从底层基础到上层应用全面自主可控。

(二)生产管理智能化。青岛港打造全流程数字化的生产体系,研发并应用智能空轨集疏运系统(图40-2),实现空轨技术与港口业务有机融合,构建了更加安全、高效、环保、经济的立体智慧绿色港口集疏运新模式、新样板。研发码头数字孪生运维预测平台,依托智能传感、工业控制、物联网等技术,实现对码头现场全面实时预测、监控和异常事件智能预警。研发智慧监管系统,运用物联网、大数据、自动控制等技术,将查验监管与实际生产作业相融合,构建码头智能监管体系,实现了码头无人、实时、高效、智能化监管。

A-TOS 全自动化集装箱码头智能管控系统

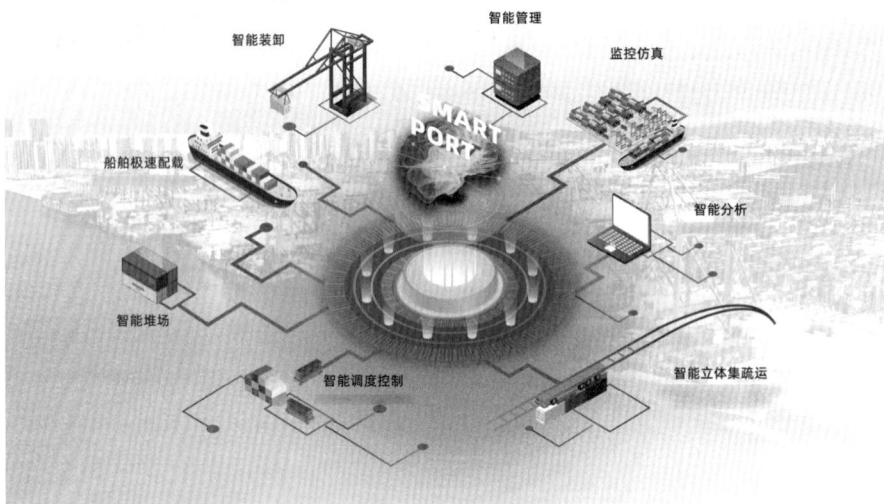

图40-1 全自动化集装箱码头智能管控系统(A-TOS)

图40-2 智能空轨集疏运系统示范段

(三)运维管理智能化。青岛港建设智慧化运维监管体系,自主研发远程智能监测管理系统设备,通过"5G+智能感知"技术,实时掌握大型设备的运行状态,随时进行健康诊断,降低故障发生率。自主研发的IT(信息技术)全景智能运维平台,对IT基础设施、应用系统、计算资源等进行实时诊断和预警,及时报告生产系统问题、快速定位和分析问题,保障码头设备长周期安全、健康、可靠运行。

(四)安全管理智能化。青岛港打造全场景智能安全管控体系,自主研发集装箱自动防风系统,根据层高和箱重,一旦风速超过临界值,系统自动将高集装箱转移放下,安全管理实现由被动处置变为主动防御。研发码头智能安防系统,创新"物联网+AI(人工智能)"技术,集成视频管理、出入管控、周界防范等功能,实现多维感知事件预警,保障码头安全。研发大型设备智能消防系统,将自动消防设施集成应用于港口大型设备,攻克无人化设备消防安全难题,为港口安全管控提供智慧化保障。

(五)能源管理智能化。青岛港打造"风光氢"多能互补现代能源体系,提出"氢燃料电池+大功率锂蓄电池"相结合的供能模式,开启氢能源在港口大型机电装备上的智能化、绿色化试点应用,创新氢电耦合直流微网轨道吊,形成港口大型装备多能互补综合供能模式,全方位提升能源供给综合调节能力。自主研发智慧能源管理系统,实现了光伏停车棚、楼宇、桥吊、冷藏箱堆场、太阳花、分布式风电机组的远程监控和智能化无人能源采集,实现全域能源智能管控分析。

二、经验启示

(一)加快关键核心技术攻关。青岛港坚持科技自立自强,自主完成布局方案设计,突破关键技术瓶颈,在工艺、设备、流程、系统等关键部分取得技术突破,形成了显著的自主创新优势,在自动化码头建设领域有了完全自主可控的整套解决方案,推动行业产品及技术的升级迭代,带动全国产业链快速发展,为世界港航业贡献了智能、绿色、安全、经济的全新"中国方案"。

(二)加快科技成果转化与推广。青岛港建成全球首个适用于不同码头类型、支持不同堆场布局的集装箱码头智能管控产品体系,建立稳定可靠的技术开发、市场销售、服务保障团队,围绕行业未来发展需求,向国内外全自动化码头推广转化整套或部分定制化的自动化集装箱码头智能管控系统软件产品,向人工码头、半自动化码头提供部分定制化的软件产品、系统及架构升级和功能模块开发服务,为全球港口数字化转型和智能化升级提供高质量解决方案。

(三)坚定贯彻绿色发展理念。青岛港自动化码头深入贯彻绿色低碳发展理念,推动港口应用清洁能源,实现能源供给"多元化"、能源使用"清洁化",谋划切实可行的降碳技术路线和实施路径,建设契合港口实际可复制、可推广的绿色低碳港口示范样板,推动港口行业以最快速度、最优路径实现"零碳"目标。